귀속재산

배석만

도서출판 해남

귀속재산

초판1쇄 인쇄 2023년 6월 19일
초판1쇄 발행 2023년 6월 23일

저 자 배석만
발행인 노현철
발행처 도서출판 해남

출판등록 1995. 5. 10 제 1-1885호
주 소 서울특별시 마포구 마포대로8길 9 영명빌딩 405호
전 화 739-4822 **팩스** 720-4823
이 메 일 haenamin30@naver.com
홈페이지 www.hpub.co.kr

ISBN 978-89-6238-806-0 93320

이 저서는 2021년 대한민국 교육부와 한국학중앙연구원(한국학진흥사업단)을 통해 K학술확산 연구소사업의 지원을 받아 수행된 연구임(AKS-2021-KDA-1250002).

머리말

해방이 되었을 때, 이 땅에 남은 일본의 공·사유 재산을 의미하는 귀속재산은 한국근현대사에서 최소한 두 가지 중요한 역사적 의미가 있다. 우선은 일제가 식민통치기간 우리에게 선전한 '근대화'의 실체가 어떤 것인지 파악할 수 있는 대상이라는 것이다. 다른 하나는 그 결과로 우리에게 남은 '식민지 유산'이 독립 국가 경제건설에 어떤 역할을 하였는가이다. 결국 귀속재산이 한국근현대사의 20세기 전반기 역사와 후반기 역사가 어떻게 연결, 혹은 단절되는지를 파악하는 핵심 소재임을 알 수 있다. 그리고 주지하듯이 두 가지 점 모두 현재까지도 대립된 시각이 공존하는 휘발성 있는 쟁점적 주제들이다.

이 책은 이렇듯 중요한 주제인 귀속재산에 대해 현재까지 학계에 축적된 연구 성과를 바탕으로 그 전체적인 모습을 그려 보고자 한다. 해방이 되었을 때, 일정 규모로 존재하였던 귀속재산이 미군정, 한국 정부로 이어지며 어떻게 관리·처분되는지를 최대한 일목요연하게 정리해 보려고 하였다. '한국경제 시민강좌'의 시리즈를 구성하는 책이기 때문에 그 취지를 살려서 대학생이나 역사에 흥미를 가지고 있는 대중이 평이하게 읽을 수 있도록 서술하려고도 힘썼다. 그리고 독자들이 이 책을 다 읽었을 때, 최소한 다음의 몇 가지 점에 대해서는 이해가 되었으면 하는 바람이 있다.

우선 귀속재산은 해방이 된 시점에 남한에 군대를 들여보낸 미국도, 독립 국가 건설의 희망에 부풀어 있던 당시의 한국인들도 그 규모에 근거한 중요성을 인식하고 있었다. 따라서 귀속재산은 매우 주목받는 대상이었고, 그 처리 방침에도 대체로 의견이 일치하고 있었다. 귀속재산은 공·사유 재산을 막론하고 일본으로부터 몰수되어야 하며, 한반도에 새롭게 건설될 신생 국가의 경제발전을 위해 중요하게 사용되어야 한다는 것이었다. 몰수한 귀속재산을 어떤 용도로 사용할 것인가는 미국의 결정이 다소 늦게 이루어지면서 한국인들의 우려가 있었지만, 미소 간의 냉전이 강화되면서 이런 우려는 비교적 짧은 시간에 불식되었다.

다음으로 귀속재산의 처리와 관련하여 미국이 원칙을 세우고 처리를 주도하였는데, 매우 정치적인 성격을 가졌다는 점이다. 대표적인 것이 일본인 사유 재산에 대한 몰수이다. 미국은 '적지 사유 재산 불가침 원칙'을 규정한 국제법을 인지하고 있었음에도 오히려 한반도에 재산을 두고 일본으로 돌아온 민간인들에 대해 일본 정부가 보상하도록 구상하였다. 이것은 1950년대 들어 본격화된 한일회담에서 한국 측 배상 요구에 대해 일본이 방어하는 무기로써 이른바 '역청구권'을 주장하는 빌미를 제공하였다. 귀속재산에 대한 미국의 정치적 처리는 한국과 일본에 친미적인 자본주의 국가를 건설하여 본격화되는 냉전체제에 대비하고자 하였기 때문이다.

귀속재산의 처리 과정, 다시 말해 재산을 파악하여 몰수하고, 이후 관리와 국·공영 혹은 민간 매각 등의 처리 과정에 다양한 시행착오가 존재하였다는 점도 이해되기를 희망한다. 관련하여 먼저 지적할 수 있는 것은, 해방 후 진주하여 3년간 군정 통치를 실시한 미군의 귀속재산 접수, 관리가 철저하게 이루어지지 않았다는 점이다. 한국 정부로 재산이 이관되어 처리되는 과정에서도 불공정과 실무 차원의

심각한 실수가 확인된다. 특히 귀속공장·사업체를 중심으로 그 처리를 두고 정경유착, 부정부패도 있었고, 법인 해산 없이 재산을 매각하여 그 처리에 시간과 비용, 행정력을 낭비하는 상황이 대표적이다.

한국의 귀속재산 처리가 이루어지던 시기에 일본의 재외재산 처리도 진행되었다는 점도 인식되었으면 한다. 같은 재산에 대해 한일 양국이 이름을 달리하여 부르는 것이기도 하지만, 동시에 한국의 귀속재산과 관련된 일본 내 재산을 자체적으로 처리한 것이기도 하다. 이런 경우가 발생한 대표적인 재산이 한국에 본점을 둔 일본인 경영 기업체 재산이다. 일본 정부는 철수한 일본인 경영자가 일본 소재 회사 재산만을 자체적으로 정리하도록 하였고, 이를 발판으로 새로운 기업 활동도 가능하게 하였다. 한국 소재 재산은 손실로 처리되었으며, 한국 측의 일본 소재 재산에 대한 소유권 주장과 배상 요구는 무시되었다. 물론 이 모든 원칙은 미국의 주도하에 정해졌다.

마지막으로 귀속재산이 한국의 초기 경제발전에 어떤 역할을 하였는가 하는 점이다. 이 책은 관련한 초기 연구에서 많이 보이는 해방 공간의 혼란으로 인한 유실, 한국전쟁으로 인한 파괴로 큰 역할을 하지 못하였다는 설명에 동의하지 않는다. 귀속재산은 초기 한국 자본주의 건설에 중요한 역할을 하였다. 다만 그 역할의 '정도'와 관련해서는 추가적인 언급이 필요하다. 해방 후 한국경제의 전개 과정에서 귀속재산만이 절대적으로 중요하였던 것은 아니라는 것이다. 제조업을 예로 본다면, 1950년대를 주도한 이른바 '삼백공업'(三白工業)의 세 가지 공업 중 제분업과 제당업은 일제 시기 남한의 제조업과는 그다지 연관이 없었다. 귀속공장이 아닌 원조를 배경으로 한 해방 후 신생 공장들이 주역이었다. 또 정책 면에서 정부의 역할도 초창기 한국경제와 관련하여 귀속재산과 버금가게 중요한 요인들이었다. 귀속재산을 토대로 성장한 기업가도 있지만, 그렇지 못한 기업가도 많다는 점도 기억해야 한다. 이런 사실이 가지는 의미는 한국 자본주의 초기 발전 과정에서 귀속재산의 역할이 제한적이었음을 보여 준다.

이 책은 한국의 귀속재산 처리를 주로 다루었지만, 이를 좀 더 확대하여 일본 제국주의와 그 식민 정책에 편승하여 일제 식민지·점령지에 진출한 일본인들이 해당 지역에서 가지고 있던 각종 재산들이 전후 해당 국가와 일본에서 어떻게 처리되었는지를 확인하는 것도 필요하다. 전후 미국 주도하의 동아시아 체제 재편 과정과 그 성격을 밝히는 관건이 되기 때문이다. 또 최근 많이 비교되는 '아직도 사과하는 독일'과 '여전히 사과에 인색한 일본'의 대조적 모습의 연원도 여기서 찾아볼 수 있다고 생각한다. 부족한 책이지만, 독자들이 이 책을 읽는 것을 계기로 그 관심이 이러한 전후 일본 해외 재산 처리 문제로 확대되어 자연스럽게 이어지기를 희망해 본다.

2023. 5

배석만

차례

들어가며

일제가 조선을 식민지화하면서 한말 이래 끈질기게 이어졌던 자주적 근대화의 노력은 결국 좌절되었고, 이른바 '식민지 근대'의 길을 가게 되었다. 그 길을 주도한 것은 당연한 이야기지만 제국주의 일본 국가 권력과 다양한 이유로 조선에 들어온 일본인들이었고, 조선인들은 그 주변에 머물 수밖에 없었다. 그나마도 '친일' 내지 최소한 식민지 지배에 대한 '협력'을 전제로 한 것이었다. 그리고 1945년까지 일본이 조선을 식민지로 지배하면서 제국의 국책에 의한 것이든지, 아니면 민간의 영리 추구 결과이든지 간에 한반도에는 많은 일본 국가 내지 민간의 재산이 형성되었다. 이렇게 형성된 다양한 형태의 일본 재산들은 일제의 패전으로 한반도가 식민지에서 벗어나 해방을 맞이하고, 일본인들이 일본으로 돌아가면서 사실상 거의 그대로 이 땅에 남았다. 그 배경에는 이들 재산을 전쟁 배상용으로 사용한다는 미국의 방침으로 인해, 일본인들이 일본으로 가져가거나 자체적으로 처리하지 못하였기 때문이었다. 미국은 한말 이래 한반도에 들어와서 이 땅에 재산을 축적한 일본인들이 재산을 정리하여 일본으로 철수하거나, 또는 계속 한반도에 거주하면서 본인의 재산권을 행사하겠다는 희망 등을 원천적으로 봉쇄하였다. 원칙적으로 일본인들은 미국이 규정한 약간의 돈만을 가지고 일본으로 돌아가도록 강제되었다.

한국인의 입장에서 이런 미국의 방침과 일본인 강제 철수는 너무도 당연하였다. 한국인들은 조선에 살았던 일본인들이 일본 제국주의 식민 지배의 '첨병'(尖兵)• 이며, 이들이 한반도에서 축적한 재산을 식민 지배하 수탈의 결과물로 생각하였기 때문이다. 해방 공간에서 이들 일본과 일본인의 재산이 '적국의 재산'을 의미하는 '적산'(敵産, enemy property)이라는 용어로 널리 불린 것도 '점령군'으로 진주한 미국의 한국을 보는 관점이 녹아 있기는 하지만, 동시에 이들 재산을 바라보는 한국인의 인식도 포함된 것이었다. 그리고 이 인식은 한국 정부에게도 대체로 계승되었고, 민간 불하, 국영 등을 통한 재산

첨병: 맨 앞에선 병사라는 뜻이다. 여기에서는 일제의 한반도 식민 지배를 맨 앞에서 적극적으로 도왔다는 의미이다.

처리 명분이 되었다.

이 적산을 어떻게 처리할 것인가는 해방 공간 한국 사회의 가장 중요한 관심사 중 하나였다. 한국인들은 이것이 당연히 한국의 재산으로 '귀속'(歸屬, vested)되어, 다시 말해 '소유권'이 이전되어 곧 수립할 독립 국가의 '초기 자본'으로 긴요하게 사용되어야 한다고 생각하였다. 실제로도 일제 시기 조선인 자본의 성장이 미약하였기 때문에 독립 국가의 경제건설에 중요한 의미를 가졌다. 해방 직후 일본인이 철수한 적산 공장에 남은 한국인 노동자들이 공장을 접수하여 스스로 관리·경영해 보려고 한 '노동자 자주관리운동'도 기본적으로 동일한 인식에서 전개된 것이었다.

반면 미국의 생각은 달랐다. 앞서 언급하였듯이, 일본 재산을 전쟁 배상용으로 사용한다는 방침은 해방 전에 이미 결정하고 있었고, 구체적으로 어떻게 처리할 것인가에 대한 결정권 역시 미국이 연합국의 이름으로 행사하려고 하였기 때문이다. 이 차이는 남한 내 일본 재산의 관리 방침에서 일정한 대립을 발생시켰다. 한국인들은 남한에 진주하여 임시 통치를 행하고 있는 미군정이 이 재산을 잘 보전하고 관리하여 독립 국가가 수립되면 이관해야 한다고 생각하였지만, 미국은 전쟁 배상을 받는 당사자가 한국임을 명확히 하지 않았기 때문이다.

일단 해방 전 이미 결정한 일본 재산의 몰수와 미군정 귀속이라는 미국의 방침은 1945년 연말, 한국인들에게 약속되었다. 미국이 남한의 모든 일본 공·사유 재산을 몰수하여 주한 미군정에 귀속하고 관리하는 방침을 12월 6일자 미군정 법령 제33호를 통해 공식화하였기 때문이다. 이 시점은 미국과 소련을 중심으로 한반도에 대한 신탁통치가 논의되는 것과 동시에 미소공동위원회를 통한 임시정부 수립의 로드맵이 '모스크바 삼상회의'(The Moscow Conference of Foreign Ministers)• 에서 결정된 시기이기도 하다. 이로써 주한 미군정은 일본군 무장해제와 철수 임무 수행을 위한 임시 기관이 아닌 신탁통치를 위한 임시정부 수립까지 남한의 통치를 실질적으로 담당하는 사실상의 통치기관이 되었다. 주한 미군정이 일본인 재산에 대해 내린 조치는 이러한 미군정의 모습을 대내외에 선포하는 것처럼 보이기도 하였다. 그리고 이제 일본의 공·사유 재산은 남한에 한정된 것이기는 하지만, '적산'에서 '귀속재산'의 이름을 공식적으

모스크바 삼상회의: 미국·영국·소련의 3개국 외교 수장들이 1945년 12월 16일부터 25일까지 소련 모스크바에 모여 한반도 신탁통치 문제를 포함한 여러 가지 의제를 논의한 국제회의이다. 미국 번스(James F. Byrnes) 국무장관, 소련 몰로토프(Vyacheslav Molotov) 외무장관, 영국 베빈(Ernest Bevin) 외무장관이 참석하였다.

로 가지게 되었다. 이 결과로 한국인들은 '노동자 자주관리운동'으로 상징되는 해방 후 일본 재산의 즉각적인 한국 소유로의 전환이 좌절됨을 알았고, 동시에 몰수되어 미군정의 관리하에 있는 일본 재산의 주인이 당연히 한국이 되지 않을 수도 있다는 상황을 인식하게 되었다. 이것은 한국인들에게 남한 내 일본 재산이 국외로 징발될 수도 있는 우려로 나타났다. 사실 미국은 남한 내 일본 재산이 한국이 확보할 전쟁 배상의 대상임을 법령 제33호 공포 때까지도 완전히 확정하지 못하고 있었다.

남한 내 일본 재산이 한국의 소유로 될 것이라는 처리 방침은 이후 한반도를 둘러싼 정치 상황과 밀접하게 연동되면서 서서히 확정되었다. 즉, 미소 간의 냉전이 본격화되고, 남북 분단의 고착화와 단정 수립이 점차 확실해지는 과정에 비례하여 미군정이 '귀속'한 일본 재산이 한국인의 염원대로 한국에 소유권이 '귀속'되는 것으로 변화해 갔다. 그 과정에서 미국은 그들이 애초 일본 재산 몰수의 이유로 상정하였던 전쟁 배상용이라는 것은 애써 강조하지 않고, 한국이 주장하는 '수탈의 결과물로써 당연한 귀속'을 용인하였다.

1948년 남한만의 정부 수립이 기정사실로 되면서 대부분의 귀속재산은 한국 정부에 이관되는 작업에 들어갔다. 이것은 같은 해 9월 한미 양국 간에 체결된 '재정 및 재산에 관한 최초 협정'에 의하여 공식화되었다. 일부 소규모 재산은 관리의 어려움이라는 현실적 이유를 배경으로 정부 수립 전에 미군정에 의해 한국인에게 불하되었다. 귀속재산을 이관받은 한국 정부는 1949년 「귀속재산처리법」을 제정하여 일부 기간산업으로 규정된 대규모 공장을 제외하고 민간에 매각하였다. 한국전쟁으로 처리가 일정하게 지연되었지만, 1950년대 말까지 기업체, 공장을 중심으로 한 주요 귀속재산은 대부분 처리되었다. 이로써 한말, 일제 시기를 거치면서 형성된 일본의 공·사유 재산은 한국의 공·사유 재산으로 전환되었다. 북한에 있던 일본의 공·사유 재산은 남한보다 신속하게 북한의 공·사유 재산으로 전환하였고, 1950년대 말 사회주의 경제 완성의 기치 아래 사실상 모두 국유화되었다.

이 책은 이렇듯 한반도의 일본 재산 중에 해방 후 남한의 일본 공·사유 재산이 미군정에 귀속되어 관리되고, 정부 수립 후 이관되어 처리되는 과정을 살펴본 것이다. 주요 재산들이 대체로 처리되는 1950년대 말까지가 중심이지만, 그 후의 귀속재산 처리도 같이 다루었다. 귀속재산 처리 과정에서 발생한 다양한 문제들도 언급할 것이며, 동 재산의 일본 쪽 처리인 일본의 재외재산 처리도 보론 형식으로 간략하게나마 다루어 볼 것이다.

한국현대사에서 귀속재산에 주목해야 하는 이유는, 우선 해방 후 1950년대에 걸친 초창기 한국 경제발전, 기업가 성장에서 중요한 의미를 가지기 때문이다. 그 당시에도 귀속재산이 한국경제에서 차지하는 비중으로 보았을 때, 국가의 경제건설에서 가장 중요한 자원이 될 것이라는 점에 누구도 이의를 제기하는 사람은 없었다. 좌우익 간의 치열한 이데올로기적 대립과 투쟁이 일어나고 있었지만, 귀속재산과 관련해서는 정치 성향과 관계없이 대부분의 사람들이 이 재산이 합리적으로 처리되어 향후 수립될 독립 국가의 경제건설에 중요한 토대가 되기를 희망하였고 또 그렇게 될 것으로 기대하였다. 실제로도 이후 귀속재산의 처리 과정은 신생 독립 국가 한국이 경제발전을 위해 걸었던 길과 그 주체였던 기업가들의 성장 방식과 그 성격을 규정하는 중요한 요인으로 작용하였다.

다음으로 귀속재산은 일제 식민지 근대화의 산물인 이것이 해방 후 한국경제의 성장에 어떤 역할을 하였는가라는 측면과 관련이 있다. 재산 중에 특히 일본인 소유 공장과 사업체가 해방 후 한국 산업 발전에 어떤 역할을 하였는지가 주목되었다. 그 평가는 현시점에서도 매우 대립적인 주장들이 공존하는 상황이다. 해방 후 혼란, 그리고 이어진 한국전쟁 속의 파괴와 유실로 그다지 중요한 역할을 하지 못하였다는 것에서부터, 반대로 파괴와 유실이 없지 않았으나 그럼에도 불구하고 매우 중요한 역할을 하였다는 평가까지 함께 생명력을 가지고 있다. 이렇듯 대립적 주장이 공존하는 배경에는 이 귀속재산 문제가 매우 오랜 기간 학계에서 논쟁이 이어지고 있는 '식민지 근대화 논쟁'의 핵심 이슈이기도 하기 때문이다.

책의 본문은 총 4개 장과 1개의 보론으로 구성하였다. 우선 제1장은 도입부로 귀속재산의 개념과 규모, 그리고 관련 연구 현황과 쟁점을 정리하였다. 제2장은 해방 후 남한에 진주한 미군에 의해 설립된 주한 미군정의 귀속재산 관련 정책의 수립과 실행

과정을 살펴보았다. 초창기 관리 정책의 혼선과 군정 법령 제33호 제정을 통한 처리 원칙 확립, 그리고 군정 말기에 진행된 농지와 소규모 재산 불하 실태를 살펴보았다. 제3장은 정부 수립 후 미군정으로부터 관리하던 귀속재산을 이관받은 이승만 정부가 「귀속재산처리법」을 제정하여 그 처리를 실행하는 과정과 처리 결과를 살펴보았다. 제4장은 1950년대 말까지 처리되지 못한 재산이 존재하였다는 것과 그 이유, 그리고 이 미처리 재산들이 1960년대 이후 어떻게 되는지를 파악하였다. 보론은 한국 정부의 귀속재산 처리에 대응되는 일본 정부의 '재외재산' 처리 과정을 살펴보았다. 여기서 재외재산이란 제국주의 시절 일본이 한국을 포함한 식민지, 점령지에 가지고 있던 공·사유 재산을 의미한다. 따라서 한국 귀속재산 처리를 이해하는 데 도움이 될 것을 기대한다.

1

귀속재산이란

개념과 규모

연구 현황과 쟁점

개념과 규모

귀속재산은 일제 패전 시점에서 한반도에 일본 정부와 기관, 일본인 개인과 법인단체가 소유하고 있던 공적·사적 재산 일체 중 미군이 점령한 3.8선 이남의 재산을 의미한다. 1945년 12월 6일자 미군정• 법령 제33호에 의해 일체의 소유권이 미군정에 귀속되었으므로 귀속재산의 명칭을 가지게 되었다. 귀속재산 중에서 가치 기준으로 가장 큰 비중을 차지하는 것은 귀속기업체로 불렸던 각종 제조업 관련 공장, 사업체들이다. 그리고 그다음은 처리와 관련하여 일찍부터 가장 큰 주목을 받았던 농지를 중심으로 한 토지이다. 이외에는 가옥, 상점, 창고 등 다양한 형태의 부동산이 물건 수로는 가장 큰 비중을 차지하였다.

미군정: 정식 명칭은 재조선미국육군사령부군정청(在朝鮮美國陸軍司令部軍政廳, United States Army Military Government in Korea)이다. 1945년 9월 미군의 남한 진주와 동시에 설립되었으며, 1948년 대한민국 정부 수립까지 약 3년간 남한을 실질적으로 통치하였다.

귀속재산의 규모는 정확하게 파악되지 않는다. 해방 당시 전반적인 인식은 남한 재산 전체의 80%에 달한다는 것이었으나, 이것은 정확한 근거가 있는 것이 아니었다. 귀속재산이 남한 경제에서 차지하는 비중이 그만큼 압도적이었다는 것을 강조하기 위한 표현으로 사용되었다고 이해하는 것이 타당하다. 귀속재산의 정확한 규모 파악이 힘든 이유는 갑작스러운 해방과 이로 인한 혼란 때문이다. 당연히 신속하게 관련 조사가 이루어질 수 없었고, 진주한 미군과 임시적으로 통치를 담당하기 위해 급히 조직된 주한 미군정의 상황 파악도 허술하였다. 미군은 9월에 진주하였지만, 모든 일본 공·사유 재산의 미군정 귀속을 명령한 군정 법령 제33호의 공포가 이루어진 1945년 12월까지 귀속재산은 사실상 방치 상태에 있었다고 볼 수 있다. 물론 대규모 공장, 사업체, 공공시설 등 주요 재산들은 관리가 이루어졌지만, 소규모 공장설비, 주택, 상가 등 부동산, 그리고 유·무형의 동산은 신속한 접수가 이루어지지 않으면서 거의 무방비 상태로 남아 있었다. 이로 인해 여러 가지 문제가 발생하였는데, 일본인에 의한 귀속재산의 무단 처분, 파괴 행위, 한국인의 무단 점유 및 소유권 주장 등이 그것이다.

이런 상황이었으므로 귀속재산이 남한 전체 재산의 80%인지는 불명확하지만, 그렇다고 하더라도 독립 국가의 경제건설에 매우 중요한 토대가 될 수 있는 '매우 큰 비중의 재산'이었다는 사실에는 변함이 없다. 일제 시기 조선 경제를 주도한 것이 일본이

니 너무 당연한 이야기일 수 있을 것이다. 그렇다면 불명확성을 염두에 두어야 하지만, 그럼에도 불구하고 주요 귀속재산인 공장, 사업체, 토지 등의 규모를 남아 있는 관련 자료를 통해 최대한 확인해 보자.

우선 귀속재산 중 재산 가치로 환산하여 가장 큰 비중을 차지하는 공장, 사업체의 경우, 미군정 상무부 생산위원회•의 1947년 10월 시점 조사 자료가 있다. 남아 있는 관련 자료 중 가장 이른 시기 자료 중 하나로, '공장' 기준으로 작성되었는데, 이 자료에 의거하면 남한의 귀속공장 숫자는 총 1,573개였다. 같은 조사에서 당시 남한 전체 공업 관련 공장 수가 5,532개였으므로 귀속공장의 비중은 28.4%였다. 공장 규모를 반영하는 종업원 수를 기준으로 할 경우, 같은 조사는 전체 17만 명 중 9만 명 이상이 귀속공장 종업원으로 50% 이상을 차지하였다. 귀속공장의 규모가 일반 공장을 압도하였음을 알 수 있다. 전체 현황을 정리하면 표 1과 같다.

미군정 상무부 생산위원회: 1947년 7월 미군정 상무부령 제48호에 의해 설립되었다. 상무부 차장을 위원장으로 하였으며, 상무부 직속 기구로 귀속공장, 사업체의 효율적 운영, 관련 산업 정책 마련 등이 주요 업무였다.

한 가지 유념해야 할 것은, 귀속공장 숫자의 경우 남아 있는 관련 자료별, 그리고 시기별로 무시할 수 없는 차이가 있다는 것이다. 예를 들어, 귀속공장에 관한 가장 많은 정보를 제공해 주는 조선은행조

| 표 1 | 남한 공장 및 종업원 현황(1947년 10월 말 현재)

관할 소재지	공장 수			종업원 수		
	귀속공장	일반 공장	합계	귀속공장	일반 공장	합계
서울	174	976	1,150	6,290	25,884	32,174
경기	262	852	1,114	12,369	12,304	24,673
강원	66	231	297	4,024	2,617	6,641
충남	163	102	265	3,106	2,257	5,363
충북	33	247	280	944	3,894	4,838
전남	109	440	549	2,279	10,020	12,299
전북	121	209	330	1,564	4,772	6,336
경남	378	438	816	4,414	6,953	11,367
경북	177	363	540	10,307	8,178	18,485
제주	8	101	109	473	1,043	1,516
중앙 직할	82	–	82	46,194	–	46,194
합계	1,573	3,959	5,532	91,964	77,922	169,886

주: 1) 중앙청 직할 귀속공장은 1948년 1월 말 현재 수치임.
2) 원자료의 합산 오류는 수정함.
3) 원자료의 적산, 비적산 표기는 귀속공장, 일반 공장으로 변경.
자료: 조선은행조사부(1949a: 78).

사부의 『경제연감』은 총 3,555개로 정리하고 있다(조선은행조사부 1949b: Ⅳ-154). 공업 관련 공장만이 아닌 광업(316개), 농림(108개), 수산(74개), 금융보험(23개), 토건(61개), 상점(313개), 운수창고(81개), 기타(110개) 등도 포함하고 있지만, 이들 공장 1,086개를 제외해도 1,000개 가까운 차이가 나서 격차가 상당히 크다. 또 1955년 국회 재정경제위원회가 그때까지의 귀속기업체 처분 상황을 조사하여 보고한 자료를 보면 총수는 2,707개이다(국회재경위 1955).

자료별로 차이가 나는 이유는 앞서 언급한 '불명확성'에 기인한 것이다. 혼란한 시대에 관리 부실의 표현이기도 한 부정확한 조사와 통계 작성, 자료별 조사 기준의 차이(공장, 사업체, 기업체), 새로운 귀속 공장의 발견 등 여러 가지 요인을 상정할 수 있을 것이다. 그러나 이것 역시 근거가 확인되지 않으니 어디까지나 추정에 불과하다. 귀속재산 연구에 선구적 업적을 남긴 김기원은 해체·소멸된 것을 제외하면 미군정 말기에는 2,500~3,000개 정도였다고 추정한다(김기원 1990: 35).

귀속공장과 함께 귀속재산의 또 다른 주요 재산인 귀속토지의 경우에는 그 규모가 상대적으로 명확하다. 초창기 일부 연구에서 이른바 '귀속재산 80%설'을 검증 없이 토지에도 그대로 적용하여 일제의 토지 수탈을 강조하기도 하였으나, 이런 주장이 곧 정리된 이유이기도 하다. 귀속토지의 규모가 명확한 이유는 군정 법령 제33호를 통해 남한 내 일본인 재산의 미군정 귀속 방침이 확정된 이후, 재산 중 토지의 경우 개인 및 법인단체 소유를 모두 포괄하여 동양척식주식회사•의 후신인 신한공사(新韓公社, the New Korea Company)가 관리하도록 하였기 때문이다. 이 조치는 매우 신속하게 이루어졌다. 1945년 12월 6일 군정 법령 제33호를 공포한 후 불과 2주가 지나지 않은 19일, 관재령(管財令) 제3호를 발령하여 일본인 소유 토지의 미군정 관리를 공식화하였고, 이듬해 2월 신한공사를 설립하여 모든 일본인 소유 토지를 일괄 관리하도록 하였기 때문이다. 이런 신속함은 일본인 토지의 처리 문제가 당시 가장 민감한 정치사회 이슈로 부각되었기 때문이다. 이것은 소련군이 점령한 38선 이북 지역에서 토지에 대한 무상몰수 무상분배의 토지개혁을 단행하려는 움직임이 추동한 것이었다. 실제로 북한 지역에서는 1946년 3월 토지개혁이 단행되었다. 북한의 토지개혁은 당시 남한 언론에서도 대대적으로 보도되었다.

동양척식주식회사: 1908년 설립된 일본 제국주의 국책회사이다. 일본 농민의 한반도 이농사업, 토지 경영, 자금 대부 등이 주요 사업이었다. 줄여서 '동척'이라고 불렀으며, 한국인들에게는 일제 식민지 수탈의 상징적 기관으로 인식되었다.

신한공사가 관장한 귀속토지의 현황은 논 21만 정보(町步)•, 밭 6만 정보, 대지 및 기타가 1만 정보, 산림과 과수원 등이 4만 정보로 대략 32만 정보 수준이었다. 정리하면 표 2와 같다. 귀속토지가 남한 전체 토지 중 어느 정도 비중인지에 대해서는 1942년 남한의 논밭을 합친 면적이 247만 정보였다는 것을

정보: 토지의 넓이를 나타내는 단위로, 1정보는 3,000평이다.

주요 언론의 '북한 토지개혁' 보도

『동아일보』는 1946년 3월 15일자, 2면에 '38이북 소식, 북조선의 토지개혁, 3월 말 전까지 실행'이라는 제목으로 4단에 걸쳐 북조선임시인민위원회 위원장 김일성 명의의 북한 토지개혁에 대한 법령 원문을 그대로 실었다. 『동아일보』는 3일 후인 18일자, 2면에 북한의 토지개혁이 3월 6일 단행되어 토지 전부를 몰수하여 빈농가에 매 호당 1만 5천 평씩 분배해 주었다는 진행 상황도 실었다. 한편, 『조선일보』는 3월 19일자, 1면에 '토지제도 개혁, 인민당 총무국 발표'라는 제목으로 북한 토지개혁에 대한 인민당의 반응을 게재하였다. 이 시기 인민당은 중도좌파인 여운형이 설립한 조선인민당을 지칭하는 것으로 1945년 11월 창당되어 1946년까지 활동한 남한의 정치 정당이다. 관련 신문기사는 네이버 뉴스라이브러리(https://newslibrary.naver.com)에서 원문으로 볼 수 있다.

| 표 2 | 신한공사 관할 귀속토지의 규모(1947년 말 현재)

(단위: 정보)

관리 지점	관리 지역	일반 경지				과수원	뽕밭	산림
		논	밭	대지	기타			
서울	경기, 강원	24,453	10,713	738	1,722	609	54	34,865
대전	충북, 충남	28,962	11,024	1,197	2,211	444	-	2,832
대구	경북	13,499	6,503	375	463	1,462	244	-
부산	경남	26,084	7,327	452	2,081	365	49	-
이리	전북	57,905	8,496	478	1,392	301	104	-
목포	전남	55,068	17,663	102	1,906	421	219	-
제주	제주	17	905	1	23	15	-	-
합계		205,988	62,631	3,343	9,798	3,617	670	37,697

주: 원자료의 합산 오류는 수정함.
자료: 조선은행조사부(1949a: 43).

감안하면(조선은행조사부 1949a: 13), 귀속토지 중 논밭 27만 정보는 약 11% 수준이다. 1949년 207만 정보였다는 자료(한국은행조사부 1955: 통계편-111)에 근거하면 13%로 약간 올라간다. 절대적으로 큰 비중은 아니라고 할 수도 있지만, 표 2에서 보듯이 곡창지대인 전라도 지역에 귀속토지 중 논이 집중된 점은 지적해 두어야 할 것이다.

귀속재산 중 가장 큰 비중을 차지하는 제조업 관련 공장·사업체, 그리고 해방 공간에 그 처리를 두고 가장 큰 주목을 받았던 농지를 중심으로 한 토지를 제외하면 상점·음식점·극장·여관 등의 상업 관련 소규모 사업체, 가옥·창고 등의 부동산, 선박·자동차·가구 등의 동산, 금·은·백금 등의 귀금속, 현금·증권·채권 등의 금융재산이 또 하나의 분류 범위가 될 수 있다. 가장 관리하기 힘들었던 귀속재산들로, 그 불명확성이 가장 큰 범주이다. 이들 부동산, 동산, 귀금속, 금융재산 중에서 남아 있는 자료를 통해 상대적으로 규모 추적이 용이한 대상은 상업 관련 소규모 사업체들이다. 이들 중 가장 큰 비중을 차지하는 것은 상점으로, 건수 기준 약 5,000건이 파악된다. 상점 다음의 비중을 차지하는 것은 음식

| 표 3 | 상업 관련 소규모 사업체 현황

관할 소재지	상점	음식점	여관	기타	계
서울	1,398	284	83	2,761	4,526
경기	223	28	7	71	329
충남	537	98	34	420	1,089
충북	177	43	15	181	416
전남	966	189	44	866	2,065
전북	215	27	21	83	345
경남	943	429	153	2,133	3,658
경북	406	12	23	230	731
강원	88	23	7	135	253
제주	26	6	3	13	48
합계	4,979	1,199	390	6,893	13,461

주: 원자료의 합산 오류는 수정함.
자료: 남조선과도정부 상공부(1948: 280).

점으로 1,200건 정도이다. 상업 관련 소규모 사업체들을 대략 정리하면 표 3과 같은데, 모두 합쳐서 13,461건이다.

반면에 부동산, 동산의 재산들은 그 규모나 형태가 다양하고, 건수가 가장 많아서 규모 파악이 가장 어려운 범주이다. 당연히 해방 공간의 혼란기에 미군정의 접수·관리상 어려움으로 가장 많이 유실된 영역임과 동시에 소유권을 둘러싼 다양한 분쟁도 빈번하게 발생하였던 재산들이다. 대표적인 사례 중 하나로 선박을 들 수 있다. 해방 후 일본인 소유 선박의 경우 상대적으로 부유한 일본인들을 중심으로 미국의 방침을 따르지 않고 철수 선단을 조직하여 그들의 재산을 싣고 일본으로 몰래 빠져나가는 도구로 이용되었다. 이 경우 이들이 이용한 선박들은 한국으로 돌아오지 않고 일본에서 처분되는 경우가 대부분이었다. 관련 자료를 통해 확인되는 사실로, 하나의 사례를 들어보면 당시 국내에서 가장 큰 조선소였던 조선중공업주식회사•의 일본인 직원 철수에 동원된 선박이 있다. 이 조선소의 일본인 직원들은 철수용으로 조선소 소유 선박인 70톤급 기범선 1척을 이용하고, 일본에 도착한 이후 이 선박을 일본 해운회사에 판매한 사실이 확인된다. 미군정은 1947년 이 선박에 대한 인도 요청을 정식으로 하였으나 선박의 소재가 파악되지 않는다는 이유로 결국 해결되지 않았다(배석만 2006: 255). 정부 수립 이후에도 해방 후 한국에서 일본으로 이동한 선박에 대한 반환을 당시 일본을 점령·통치하고 있던 연합군 최고사령부(General Headquarters: GHQ)•에 지속적으로 요청하였고, 이 문제는 1951년 10월부터 시작된 한일회담의 주요 의제 중 하나였다(남기정 2010).

조선중공업주식회사: 조선총독부 주도로 일본 미쓰비시(三菱) 중공업의 자본과 기술을 끌어들여 1937년 부산에 건설한 조선소이다.

연합군 최고사령부: 스캡(Supreme Commander for the Allied Powers: SCAP)으로도 불리며, 패전한 일본에 미국을 중심으로 설치되었다. 1952년까지 일본을 실질적으로 통치하였다.

한국전쟁 발발로 급증한 군수물자, 원조물자 등을 운송하기 위해 선박이 필요하였기 때문이다. 한국 정부는 해방 후 일본으로 출항하여 다시 돌아오지 않은 선박 명부까지 만들어 일본 정부에 반환을 요청하였으나 소기의 성과를 달성하지는 못하였다. 원인은 일본의 미온적 태도 때문으로, 조선중공업 사례와 동일하게 소재지가 파악되지 않는다는 등의 이유를 들었다. 이런 상황은 한국 정부가 국내 필요 선박 조달을 위해 '계획조선사업•', 조선중공업의 후신인 대한조선공사(大韓造船公社)• 시설 확충 등, 국가 주도 조선업 육성으로 나가게 하는 계기가 되었다. 그리고 이것은 역사적 관점에서 보면 현재 한국의 대표 수출산업인 조선업 발전의 출발점이었다.

계획조선사업: 정부가 재정을 통하여 대량으로 선박을 건조하는 사업이다. 1952년 처음으로 시작하였는데, 원조물자, 군수물자를 실어나르는 일본 선박을 대체하기 위한 것이었다.

대한조선공사: 1950년 「대한조선공사법」에 의거하여 국영회사로 설립되었다.

연구 현황과 쟁점

한국현대사 연구에서 귀속재산에 대한 주목은 상대적으로 이른 시기부터 있었다. 1970~1980년대의 연구를 초창기 연구로 볼 수 있는데, 귀속재산의 실체를 구체적으로 밝히려는 실증 연구보다는, 이 재산이 압도적 비중을 가진다는 전제하에 그것이 해방 후 어떻게 '처리'되고 그 결과 해방 후 한국경제에 어떤 '역할'을 하였는가에 대해 논리적으로 설명하려는 경향이 주류를 이루었다(고승제 1975; 정윤형 1981; 김대환 1981; 谷浦孝雄 1981; 이대근 1983, 1988; 장상환 1985; 박현채 1986). 그 주요 내용은 미군정, 한국정부의 관리 실패에 따른 유실, 한국전쟁에 의한 파괴, 그나마 남은 재산은 권력과 유착한 사람들이 그 힘에 기대어 헐값으로 소유하고, 여기에 원조와 금융의 특혜를 받아 일거에 대자본가로 성장하였다는 등의 것이었다. 이를 통해서는 해방 후 전개된 한국자본주의의 성격과 관련지어 '관료성' 내지 '천민성'(賤民性)을 지적하는 근거로 활용되었다. 전체적으로 초창기 연구는 한국경제에서 귀속재산의 비중이 클수록 일제 시기 일본의 수탈을 강조할 수 있다는 것과, 이렇게 큰 규모의 재산이 해방 후 관리 부실과 파괴로 그 비중이 빠르게 축소되는 한편으로 남은 재산도 정경유착과 특혜로 얼룩지며 신생 독립 국가의 경제건설에 요긴하게 쓰이지 못하고 일부 자본가의 비정상적 성장에만 역할을 하였다는 역사상을 구축하였다. 일제 식민지 유산의 단절성과 부정적 역할, 그리고 미군정과 이승만 정권의 정책적 실패를 동시에 강조하는 관점이었다고 할 수 있다.

이후에는 귀속재산 관련 1차 자료를 국내외에서 적극 발굴·이용하여 재산의 실체와 전체적 규모를 구체적으로 파악하고, 미군정과 한국 정부에 의한 접수, 관리, 처리 – 민간 불하, 국유, 해체 등 – 과정을 밝히려는 실증 연구로 이어졌다(김윤수 1988; 김기원 1990). 이것은 물론 앞선 연구에서 만들어진 압도적 비중의 귀속재산, 관리 부실과 전쟁으로 인한 유실, 파괴로 규모 축소, 남은 재산을 통한 '천민적 자본가'의 탄생에 대한 검증을 염두에 둔 작업이었다. 그리고 이들 연구를 통해 우선 귀속재산이 '남한 전체 재산의 80%'라는 해방 직후부터 상식적으로 반복되던 인식은 명확한 근거가 없고 과장된 것임이 지적되었다. 그리고 한편으로는 귀속재산이 관리 과정의 유실과 한국전쟁으로 인한 파괴로 한국경제 발전에 그다지 큰 역할을 하지 못하였다는 주장에 반박하였다. 설혹 유실과 파괴가 있었다고 하더라도 귀속재산의 소유자라는 프리미엄을 토대로 원조, 특혜 금융과 결합할 수 있는 유리한 위치에 있었다는 나름의 역할을 강조한 것이었다. 그 근거로는 한국전쟁으로 거의 완전히 파괴되었던 면방직업 귀속공장들이 전후 부흥원조•를 통해 빠르게 시설 복구는 물론 기존 생산능력을 능가하게 된 것을 대표적인 사례로 들었다.

부흥원조: 한국전쟁 피해 복구를 위해 미국을 중심으로 이루어진 대규모 원조를 의미한다. 국제연합한국재건단(UNKRA)의 원조, 미국 대외원조기관의 명칭인 '대외활동본부(FOA) 원조'와 이를 이은 '국제협조처(ICA)원조'가 대표적이다. 1970년 한국이 원조를 받는 국가에서 졸업할 때까지 총 44억 달러의 무상원조를 받았는데, 이 중 1950년대에 30억 달러가 집중되었다.

귀속재산을 통한 자본가 탄생과 관련해서는 기존 천민적 또는 관료적 성격의 실증적 근거를 강화하는 쪽으로 연결되었다. 공제욱(1993)은 1950년대 상위 23명의 대자본가를 분석하여 이들 중 10명이 귀속재산, 특히 공장·사업체를 소유한 것이 성장의 계기가 되었음을 밝히고, 그 과정은 "스스로의 자본축적에 기초한 자생적인 자본가라기보다는 국가 권력의 특혜를 통해 성장한 관료적 자본가로서의 성격을 갖는다"고 정리하고 있다(공제욱 1993: 230~231).

귀속재산 중 가장 큰 비중을 차지하는 공장·사업체와 관련해서는 주요 공장·사업체의 개별 사례 연구도 진행되었다(김동욱 1988; 배석만 1994; 홍성찬 2007). 특히 분석 대상이 된 귀속공장·사업체의 해방 후 운영 실태를 경영사적 측면에서 구체적으로 분석하여, 어떤 내외적 조건과 결합하여 성장 여부가 결정되는지에 주목하였다. 물론 이들 사례 연구는 귀속재산의 해방 후 한국경제에서의 역할을 보다 근본적으로 고민해 보기 위한 작업이었다. 귀속재산을 소유한다는 것 자체가 성공 보장으로 직결되는 것은 아니고, 해방 후 한국경제의 다양한 국내외적 조건과 해당 귀속공장이 어떻게 관련을 맺는가까지 확인하여 귀속재산의 역할을 평가해야 한다는 어쩌면 당연한 문제의식을 제기한 것이었다.

한편으로는 귀속공장·사업체를 지역별로 나누어 해방 후 접수와 불하 과정에 대해 보다 미시적인 실증을 시도하기도 하였다(최봉대 2000; 김대래·배석만 2002a, 2002b, 2002c, 2002d, 2008; 허수열 2008). 이들 연구는 일제 시기 존재하였던 것으로 확인되는 기업 하나하나에 대해 해방 후 그 계승을 추적하는, 어떻게 보면 무모해 보일 정도의 작업을 진행하였다. 이 연구들은 귀속재산의 규모, 접수, 관리·불하 실태의 불명확성을 해소하는 데 일정한 기여를 하였다.

귀속재산에서 공장 다음으로 중요한 의미를 가지는 토지의 경우 농지개혁•과 연동되어 보다 구체적인 연구가 진행되었다(김성호 외 1989; 최봉대 1994). 특히 귀속토지 전부를 관리하였던 동양척식주식회사의 후신 신한공사에도 주목하였다(최영묵 1993; 이선희 2002).

1970년대부터 시작되어 1980년대 이후 본격화된

농지개혁: 한국 정부 수립 후 이승만 정권이 1949년 제정한 「농지개혁법」에 의해 실시하였다. 일제 시기 식민지 농정의 결과인 '지주적 토지소유'를 해체하고 '농민적 토지소유'를 확립하기 위한 것이었다. 스스로 경작 가능한 일정 토지를 제외한 모든 토지를 정부가 강제적으로 매수하여, 토지 없는 농민에게 유상으로 분배하는 것을 내용으로 하였다.

귀속재산 연구는 해방 후 한국경제에 대한 역할과 관련하여 가장 큰 쟁점을 형성하였다. 왜냐하면 일제가 남긴 식민지 유산의 연속·단절 문제를 파악할 수 있는 핵심 대상이기 때문이다. 여기에는 당연히 일제가 진행한 '식민지 근대화'에 대한 평가도 포함된다. 초창기 연구는 해방 후 유실되고 전쟁으로 파괴되어 귀속재산은 한국 자본주의 성장에 큰 역할을 하지 못하였다는 주장이 주류를 이루었다. 그러나 1990년대 전후부터 귀속재산의 규모, 처리 과정의 추적 등 실증 연구들이 축적되면서 이런 초기 연구들의 주장은 일정하게 힘을 잃은 것으로 평가된다(이대근 2015). 다만 역할의 '정도'와 관련해서는 여전히 논의가 진행 중이다(허수열 2005). 한편, 귀속재산 처리 과정의 정치성, 정경유착과 민간에 대한 특혜 불하 등의 모습은 실증 연구의 축적으로 보다 선명해졌다. 이후 좀 더 다양한 각도에서 연구 심화가 필요한 영역이었지만, 최근에 연구가 활발하지는 않다. 그 원인으로는 경제사 연구 자체가 위축되는 경향이 있고 자료의 벽도 보인다. 그러나 귀속재산이 가지는 역사적 의미를 생각할 때, 기존 자료를 보다 적극적으로 활용하는 한편으로 새로운 자료 발굴에 대한 노력도 진행되어 연구 활성화와 이를 통한 진전이 필요한 영역임에는 틀림없다.

2

미군정의 접수, 관리

동결과 귀속

관리와 소규모 불하

동결과 귀속

미군의 남한 점령이 결정되었을 때 남한 내 일본 재산, 즉 일본 정부, 공공기관의 공적 재산과 일본인 민간 재산에 대한 최초 방침은 '동결'이었다. 그 배경에는 미국이 패전한 군국주의 일본의 해외 재산은 그것을 몰수하여 연합국의 전쟁 배상용으로 사용해야 한다는 원칙을 종전(終戰) 이전에 이미 정해 놓고 있었기 때문이었다. 이 동결 방침은 1945년 8월 15일 일본의 항복과 함께 시행에 옮겨졌고, 남한에 진주하여 군정(軍政)을 실시할 예정인 미 24군단 사령관 하지(John R. Hodge)• 중장에게도 지시되었다. 1945년 9월 8일 남한에 진주한 미군은 9일 군정을 선포하고 군정청을 설치하였다. 그리고 9월 25일 패전국 소유 재산의 동결과 이전 제한을 규정한 군정 법령 제2호 – 정확한 명칭은 '재조선미국육군사령부 군정청 법령 제2호'– 를 공포하여 남한 소재 일본 재산을 미군정이 동결하여 관리함을 공식화하였다.

그런데 군정 법령 제2호를 통한 미군정의 남한 내 일본 재산 동결·관리 방침은 미 본국과 미군정 사이에 일부 혼선을 내포하고 있었다. 군정 법령 제

존 리드 하지(1893~1963): 해방 후 1948년 한국 정부 수립 전까지 남한을 통치한 미군정 최고사령관이다.

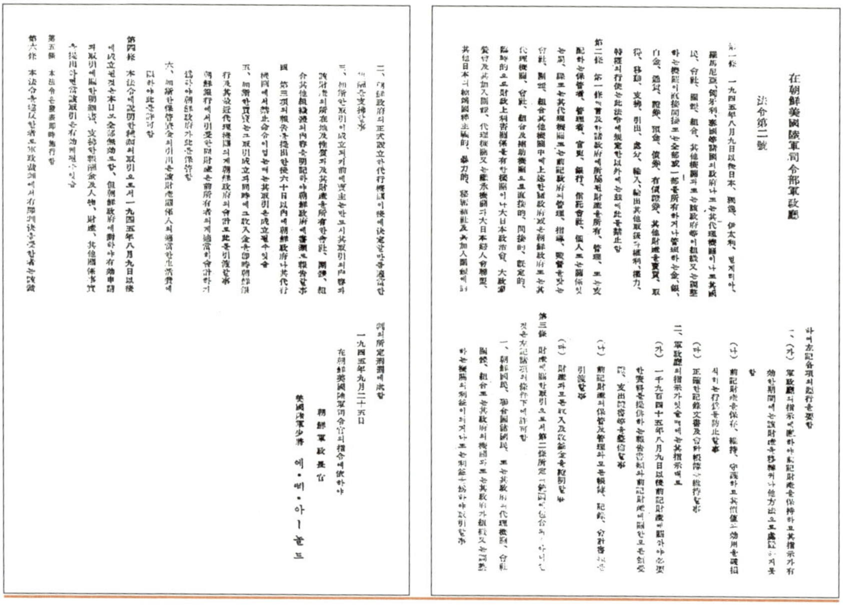

군정 법령 제2호

자료: 법원행정처(1983: 6~7).

2호에서 일본인 민간 재산의 경우 미군정의 허가를 전제로 매매가 허용되었기 때문이다. 매매의 경우 그 대금은 매도자가 일단 미군정 지정 계좌에 입금하도록 하였고, 미군정 통제하에 일정 액수만이 인출 가능하도록 하였다. 통제는 가하지만 매매와 판매대금 인출이 가능하다는 것은 민간 재산의 경우 미군정이 해당 재산 소유자의 소유권을 인정한다는 의미였다.

미군정의 일본인 민간 재산의 소유권 인정은 국제법상의 규정, 즉 1907년 네덜란드 헤이그에서 열린 제2회 평화회의에서 개정된 「헤이그육전법규」(Hague Regulation land warfare)• 제46조 '적지 사유 재산 불가침 원칙'을 의식한 것이었다. 미군정의 조치는 '적국의 재산이라도 사유 재산의 경우 그 소유권이 존중되어야 한다'는 이 원칙을 준수하면서도 일본 재산의 동결이라는 워싱턴의 지시에 어긋나지 않는 고민의 결과물이었다고 할 수 있다.

그러나 군정 법령 제2호로 공식화된 미군정의 최초 일본 재산 처리원칙은 곧 바뀔 수밖에 없었다. 여기에는 두 갈래의 배경이 작용하였다. 우선은 미군정이 법령 제2호로 취한 조치가 미국 본국의 일본 재산에 대한 방침과 차이가 있었기 때문이다. 미국은 남한 내 모든 일본 재산의 소유권을 미군정에 '귀속'시켜 '소유'해야 한다는 원칙을 정해 놓고 있었다. 국제법상의 '적지 사유 재산 불가침 원칙'에 대해서도 남한은 패전국에서 분리된 점령지로 이 경우 국제법에 명시되지 않은 특수한 경우에 해당하여 재산 보호 조항을 적용하지 않아도 된다고 해석하였다. 여기에는 미국이 제2차 세계대전이 총력

헤이그육전법규: 1899년 네덜란드 헤이그에서 열린 제1차 만국평화회의에서 채택된 「육전의 법 및 관습에 관한 협약」(Convention respecting of War on Land)과 여기에 「육전의 법 및 관습에 관한 규칙」(Regulations respecting the Law and Customs of War on Land)이 더해진 것이다. 1907년 제2차 만국평화회의에서 개정되어 오늘에 이르고 있으며, 「헤이그 육상전 협정」, 「헤이그 육상전 법규」 등으로도 불린다. 1910년 발표 당시 당사국은 44개국이었고, 한국은 1986년 8월 8일 다자조약 제886호로 발효하였다.

전의 성격을 가지고 있었으므로 사유 재산이라고 할지라도 반관적 성격을 가진 공유 재산으로 간주할 수 있다고 판단하였던 정황도 있다. 미국은 사유 재산을 몰수당한 일본인 소유자의 손실은 일본 정부가 이를 보상하도록 할 방침이었다(송병권 2011: 122). 미국 방침과 미군정 법령 제2호 간의 혼선은 일본 재산 소유권 확보에 대한 최종적 지시가 11월 초가 되어서야 미군정에 전달되었기 때문이었다(박훈창 2020: 9~11). 이 혼선은 미군의 남한 점령이 얼마나 준비 없이 급하게 이루어졌는지를 보여 주는 단면이기도 하다.

또 하나의 배경은 미군정 일본 재산 처리 방침에 대한 한국인들의 강력한 반발이다. 남한의 일본 재산에 대한 한국인들의 입장은 민간 재산을 포함한 모든 재산이 한국의 소유라는 것이었다. 그 근거의 핵심은 일본 재산이 한국인의 피와 땀을 수탈하여 이루어졌으므로 당연히 한국과 한국인의 소유라는 것이었다. 해방 이후 남한 내에서는 좌우익 정치세력 간에 치열한 대립이 전개되었지만, 일본 재산 문제에 대해서는 사실상 의견을 같이하였다. 따라서 미국이 일본 재산을 몰수하여 연합국의 전쟁 배상용으로 사용한다고 알려지고, 미군정이 일본인 사유 재산의 매매를 허가하는 방침을 공식화한 것은 결과적으로 한국의 소유권을 부정하는 것으로 인식되어 강한 반발을 불러일으킬 수밖에 없었다(배석만 2000: 114).

남한 내 모든 일본 재산의 미군정 귀속과 소유라는 워싱턴 방침을 전달받은 미군정은 11월 14일 긴급하게 「관재령」(管財令)• 제1호를 발령하여 군정 법령 제2호의 일부 허가를 전제로 한 재산 매매를 무력화시켰다. 그리고 12월 6일 마침내 군정 법령 제33호 「조선 내 소재 일본인 재산권 취득에 관한 건」의 공포를 통해 남한 내 모든 일본 재산의 소유권을 미군정이 가지도록 하였다. 이와 관련한 군정 법령 제33호 제2조의 내용은 다음과 같다(법원행정처 1983: 34).

관재령: 미군정이 구 귀속재산 접수, 관리를 위해 별도로 공포한 법령으로 11호까지 공포되었다.

> 제2조 1945년 8월 9일 이후 일본 정부, 그의 기관 또는 그 국민, 회사, 단체, 조합, 그 정부의 기타 기관 혹은 그 정부가 조직 또는 관할[取締]한 단체가 직접, 간접으로 혹은 전부 또는 일부를 소유 또는 관리하는 금, 은, 백금, 통화, 증권, 은행계정(銀行勘定), 채권, 유가증권 또는 본 군정청의 관할 내에 존재하는 기타 전 종류의 재산 및 그 수입에 대한 소유권은 1945년 9월 25일부로 조선군정청이 취득하

> 고 조선군정청이 그 재산 전부를 소유함.
> 누구를 불문하고 군정청 허가 없이 그 재산에 침입 또는 점유하고 그 재산의 이전 또는 그 재산의 가치, 효용을 훼손함은 불법으로 함.

군정 법령 제33호로 남한 내 모든 일본 재산의 소유권이 미군정에 귀속되면서 이제 이 재산은 '귀속재산'(vested property)의 이름을 얻었다. 그전까지 일본 재산은 '적산'으로 널리 불렸다. 적산은 '적국의 재산'을 의미하는 것으로, 점령군으로 진주한 미국의 한국을 보는 관점이 녹아 있는 것과 동시에 일본 재산을 바라보는 한국인의 인식도 포함되어 있었다. 불법으로 식민지화하고 한국인의 고혈을 빨아 축적된 적국의 재산이라는 의미이기 때문이다. 이것은 미군정이 진주 초기에 보인 일본 재산 처리 방침, 즉 전쟁 배상용으로 사용, 민간 재산 처분 허용 등의 조치에 대해 한국인이 강하게 반발하는 명분이기도 하였다. 1945년 12월 군정 법령 제33호로 재산의 소유권이 미군정으로 넘어갔을 때에도, 한국인들은 그 소유권이 한국에 있으므로 독립 국가가 수립되면 소유권을 당연하게 한국 정부에 넘겨야 한다고 여겼다. 미군정의 역할은 한국 정부에 이

관할 때까지 귀속재산을 잘 보전하는 것에 머물러야 한다고 생각하였다. 따라서 군정 법령 제33호 공포 이후에도 한국인들은 미군정이 민간 매각 등으로 귀속재산을 처리한다거나, 다른 연합국의 배상용으로 사용할 목적으로 국외 징발 가능성에 대해 민감하게 반응하였다.

반면에 미국은 귀속재산을 민간에 매각하는 불하 방침을 가지고 있었다. 귀속재산 처분과 관련한 워싱턴의 지시가 내려온 것은 1946년 2월 말이었다. 군정 법령 제33호가 공포된 지 3개월 정도가 지난 시점이고, 그 내용은 소규모 사업체와 도심 주택, 그리고 농지에 한하여 매각하라는 것이었다. 미군정은 3월 7일 이와 같은 내용의 귀속재산 불하 방침을 '군정청 특별발표' 형식으로 공식 발표하였고, 이튿날 국내 언론에 대대적으로 보도되었다(『조선일보』 1946. 3. 8).

1950년대 한일회담 당시 일본의 역청구권• 주장으로 알 수 있듯이, 민간 재산의 몰수 처리에 대한 국제법적인 문제가 완전히 해소된 것도 아니고, 귀속재산의 한국 정부 이관을 주장하는 한국인들의 반발도 예상되는 상황에서 미국이 귀속재산 처리

역청구권: 일본 정부가 남한 내 일본인 사유 재산의 몰수는 국제법 위반이며 따라서 몰수한 일본인 재산에 대한 반환을 청구한 것을 의미한다.

방침을 신속하게 결정한 것은 미국의 국익에 입각한 정치적 관점이 깔려 있었다. 이 시점에 북한은 소련이 북조선임시인민위원회•를 설립하고 이들을 앞세워 빠른 행보로 무상몰수 무상분배의 토지개혁을 준비하고 있었다. 당연히 북한의 일본 재산 중 토지는 무상분배의 대상이었고, 남한에도 그렇게 알려졌다. 미소공동위원회를 앞둔 미국이 한반도에서 좌익세력을 봉쇄하고 친미정권을 수립하려는 정치적 목적을 달성하기 위해서는 귀속재산에 대한 새로운 대책이 필요한 시점이었다. 미군정이 귀속재산 처리 방침을 공식 발표하기 이틀 전인 3월 5일 북조선임시인민위원회가 '무상몰수 무상분배'의 토지개혁을 공표하였다는 시점에 주목하면, 미국의 남한 내 귀속재산에 대한 방침 결정의 근본적 동기가 정치적인 결단이었음이 좀 더 명확해진다.

북조선임시인민위원회: 김일성을 위원장으로 1946년 2월 설립되어 소련군의 군정을 대체하고 3.8선 이북 지역을 통치하였다. 1947년 2월 북조선인민위원회로 개칭되었다.

관리와 소규모 불하

군정 법령 제33호로 남한 내 모든 일본 재산의 미군정 소유가 공식화되고, 이어서 불하 방침까지 확정되면서 이 업무를 담당할 행정조직의 구축도 신속하게 진행되었다. 이미 군정 법령 제2호에 의해 미군정 재무국 내에 2명의 관리가 일본 재산 관련 업무를 담당하였고, 10월 1일 군정 법령 제8호로 전담부서 재산관리과를 설치하였다. 이후 재산관리과는 재무국 산하에서 독립하여 재산관리처(관재처)가 되었다. 1946년에 들어서는 4월에 군정 법령 제73호로 재산관리처의 지방 조직 설치가 시작되어 읍 단위까지 이루어졌다. 8월에는 군정 법령 제103호에 의해 재산소청위원회가 설치되어 귀속재산 관련 분쟁을 조정하는 역할을 담당하였다. 귀속재산 관련 분쟁 중 가장 일반적인 것은 해방 전후를 통하여 일본인으로부터 해당 재산을 구입한 한국인들이 취득 재산의 이전등기 미비로 해당 재산이 귀속재산으로 취급되었던 경우이다. 이런 사안의 경우 일부 한국인들이 귀속재산을 차지할 목적으로 서류를 위조하는 경우도 있어서 신중한 처리가 필요하였다(재무부 1958: 121).

1946년 중반까지 귀속재산의 관리와 처리를 담당하는 재산관리처의 행정기구 구축이 완료되었다. 재산관리처의 가장 중요한 업무는 기관 이름 그대로 귀속재산에 대한 관리였다. 관리 방식은 관리인을

노동자 자주관리운동

노동자 자주관리운동은 일제 패전으로 철수한 일본인 경영 공장·사업장에 남은 한국인 직원, 노동자들이 자치회를 결성하고 스스로 공장 운영을 해보려고 하였던 시도들이다. 전국적으로 활발하게 전개되었으며, 당시에는 '종업원 자주관리'로도 불리었다. 그러나 미군이 진주하여 군정을 실시하고 일본인 재산에 대한 통제와 관리, 나아가 1945년 말에는 법령 제33호를 통해 그 소유권을 미군정에 귀속하는 조치를 취하게 되면서 노동자 자주관리는 공식적으로 부정되었다. 미군정은 일본인 공장·사업장에 관리인을 임명하여 통제를 시도하였고, 자주관리를 표방한 노동자 자치조직이 저항할 경우 탄압을 가하였다. 특히 미군정이 해당 공장·사업장에 연고가 없는 인물을 낙하산으로 내려보냈을 경우 노동자들의 반발이 심해서 격렬한 충돌을 야기하는 경우도 있었다. 일본인 공장·사업장의 관리를 둘러싼 미군정과 노동자들의 갈등과 관련해서는 『전국노동자신문』, 『해방일보』 등 당시 좌익 계열 신문들을 중심으로 저항 사례들을 많이 소개하고 있어 확인이 가능하다. 관련 연구로는 김기원(1990)을 참조할 수 있다.

파견하여 해당 재산을 장악하고 관리하는 것이었는데, 주요 시설, 기업체 등에는 미국인 군정관을 직접 파견하기도 하였다. 이 과정은 원만하게 진행되지 않았다. 해방 직후의 혼란기에 귀속재산을 점유한 사람들이 있었기 때문이다. 특히 귀속공장의 경우 일본인들이 빠져나간 이후 한국인 노동자들이 자발적으로 관리위원회를 조직하여 공장 운영을 전개하고 있는 곳이 많았다. '노동자 자주관리운동'이다.

이들은 미군정이 임명하여 파견한 관리인과 마찰을 일으키는 경우가 많았다. 특히 좌익 계열의 노동자들이 주도권을 가지고 설치한 관리위원회의 경우, 그리고 해당 공장과 전혀 연관이 없는 인물이 미군정에 의해 관리인에 임명되어 낙하산으로 들어온 경우에는 전면 파업을 포함한 격렬한 저항을 전개하였다.

재산관리처는 이외에도 미처 파악되지 못한 귀속재산을 찾아내고, 접수하여 소유권을 장악하는 한편으로 재산의 해체나 가치 손상을 막는 것도 중요한 임무였다. 그리고 미군정 지시에 따라 재산을 처분하는 것도 임무에 포함되었다. 말 그대로 귀속재산의 접수와 관리 및 운영, 처분, 그리고 이와 관련된 전반적인 실무를 담당하는 것이었다.

이처럼 재산관리처는 귀속재산과 관련한 실무를 전담하였지만, 모든 귀속재산을 직접 관리하는 것은 아니었다. 재산의 범위가 방대하고 종류도 다양하였기 때문에 현실적으로도 불가능한 일이었다. 귀속재산 중 동산은 일제 말 전시통제기구 중 하나였던 물자영단•이 관리하였고, 토지는 앞서 언급한 대로 신한공사, 임야는 미군정 농무부 임업국이 관

물자영단: 1943년 12월 전쟁에 필요한 물자의 동원을 위해 설립된 국책기관이다. 정식 명칭은 '조선중요물자영단'이다. 주로 전쟁에 필요한 산업설비의 동원, 금속 회수 등을 주도하였다.

리하였다. 산업 관련 재산의 경우도 중요 재산이나 여러 지역에 흩어져 있는 경우에는 미군정청 관련 부처에서 관리하였다. 즉, 광공업 및 상업 기업체는 상무부, 은행 등 금융회사는 재무부, 철도와 선박은 운수부에서 관리하는 식이었다. 직접 관리가 어려운 주택과 점포 등은 재산관리처가 임대하는 방식으로도 관리하였고, 임대 관련 실무는 조흥은행•을 비롯한 각종 금융기관이 대행하였다. 한편 보석, 유가증권, 귀중품, 예술품 등은 조선은행•이 접수하여 보관하였다.

조흥은행: 1943년 민족계 은행인 한성은행과 동일은행이 합병하여 설립된 은행으로 2006년 신한은행에 합병될 때까지 존속하였다.

조선은행: 일제가 1911년 조선은행법에 의해 설립한 특수은행이다. 식민지 중앙은행의 역할을 하였고, 1950년 한국은행 설립 시까지 존속하였다.

그런데 미군정이 워싱턴의 지령하에 1946년 3월 초에 군정청 특별발표 형식으로 공식화한 소규모 사업체와 도심 주택, 그리고 농지의 매각은 이를 위한 실무행정조직의 구축만큼 신속하게 진행되지는 못하였다. 이유는 무엇보다 모스크바 삼상회의의 결정 방침을 이행하기 위해 개최된 미소공동위원회가 한반도의 통일된 임시정부 수립에 실패하면서 새로운 정치 국면에 접어들었기 때문이었다. 남한 내 좌우 대립이 보다 격렬해지는 상황에서 좌익은 물론 우익조차도 귀속재산의 처분을 반대하는 여론을 고려해야 하였다. 이런 사실은 북한의 토지개혁에 대응하여 가장 시급하게 처리해야 하였던 귀속토지에 대한 매각이 가장 늦은 1948년 한국 정부 수립 직전에야 단행되었다는 것에서도 확인할 수 있다. 결국 관리가 어렵다는 현실적 조건을 기준으로 각종 동산, 주택 등이 1946년부터 민간에 조금씩 불하되기 시작하였고, 귀속공장은 1947년, 그리고 귀속토지는 1948년 4월이 되어서야 매각이 시작되었다.

귀속재산 매각 실무는 토지를 제외하고 재산관리처가 산하에 재산처분부를 두고 직접 관장하였다. 동시에 매각을 심의하기 위한 자문위원회가 중앙과 지방에 각각 구성되었다. 그 외에도 귀속재산 가치 평가를 위한 평가위원회, 구매자 자격심사위원회도 설치되었다.

매각 방식과 관련해서는 소규모 공장 매각의 사례를 통해 확인이 가능하다. 우선 경쟁 입찰이 아닌 기존 관리인이나 임차인에게 매각 우선권이 주어졌다. 이러한 '연고자 우선주의'는 이후 한국 정부에게 그대로 계승되었다. 매각 가격은 재산관리처 산하의 평가위원회에 의해 결정되었고, 해당 재산의 연고자가 그 가격에 매수를 희망할 경우 인수자로 결정되었으며, 거부할 경우에는 원칙적으로 경쟁 입찰을 통한 최고가 낙찰로 전환하는 구조였다.

귀속재산 인수자의 대금 납부는 분할 상환이 용인되었다. 일시불이 아닌 분할 상환이 결정될 경우에는 상환 방식과 조건에 차이가 있었으나 대체로는 전체 매각 대금의 20%를 계약 즉시 납부하고 나머지 금액은 연 7%의 이자로 10년간 분할 상환하는 조건이었다. 분할 상환의 용인은 당시 극심하였던 인플레이션을 생각하면 귀속재산 인수자에게 매우 큰 혜택이었다고 볼 수 있다.

한편, 가장 늦게 매각이 진행된 귀속토지의 경우에는 그 전부를 관리하던 신한공사를 해체하고 1948년 3월 중앙토지행정처•를 설치하여 실무를 맡도록 하였다. 주요 매각 대상은 논과 밭, 다시 말해 농지였다. 매각 농지의 가격은 해당 농지 주 생산물의 연간 생산량 3배로 규정되었다. 매각 토지의 인수 농민은 해당 귀속농지를 소작하고 있는 소작인들이었다. 미군정 귀속재산 매각 원칙인 '연고자 우선주의'가 작동한 것으로도 볼 수 있다. 토지를 인수한 농민이 지불하는 상환대금은 연간 생산량의 20%씩을 현물로써 15년간에 걸쳐 연부 상환하도록 하였다(한국농촌경제연구원 1989).

중앙토지행정처: 미군정 법령 제173호로 설치되었다. 법령 제1조에 귀속토지를 소유하지 못한 소작농민에게 매각하는 것이 주요 업무임을 명확히 규정하였다. 처장과 부처장, 10인의 이사는 군정장관이 임명하였다.

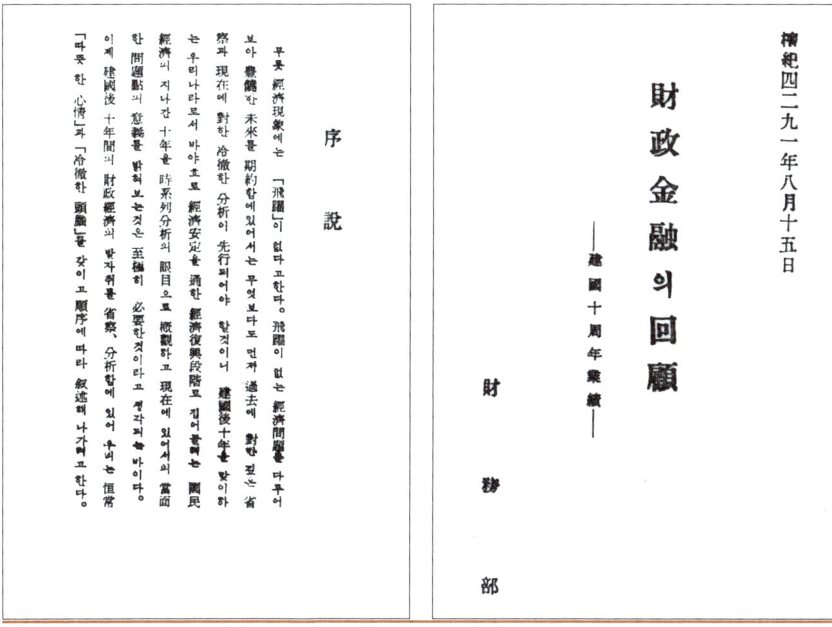

『새정금융의 회고-건국 10주년 엄저』
자료: 재무부(1958).

미군정이 통치한 3년 동안 어느 정도의 귀속재산이 민간에 매각 등으로 처분되었는지는 자료적 한계로 명확하게 알 수 없다. 그나마 1958년 한국 정부 재무부가 정부 수립 10주년을 기념하여 발행한 『재정금융의 회고-건국 10주년 업적』이 이와 관련하여 유용한 자료이다. 재무부는 책 서문에서 '따뜻한 심정(心情)'과 '냉철한 두뇌'를 가지고 건국 후 10년간의 재정경제 발자취를 성찰, 분석하겠다고 하

| 표 4 | 미군정기 귀속재산 처분 실적표

	건수	계약액(환)
기업체	513	8,476,859
부동산	839	5,214,679
기 타	916	2,823,267
합 계	2,268	16,514,805

주: 원자료의 합산 오류는 수정함.
자료: 재무부(1958: 121).

였다.

재무부의 『재정금융의 회고-건국 10주년 업적』에는 미군정기 귀속재산 처분 실적표라는 간단한 통계가 실려 있는데, 표 4와 같다.

표 4를 보면, 귀속재산을 기업체와 부동산, 기타로만 구분하여 총 2,000건 이상이 처분되었고, 액수로는 1,650만 환 정도였다. 건수로는 주로 동산일 것으로 추정되는 기타가 916건으로 가장 많고, 기업체가 가장 적지만, 액수로는 기업체가 800만 환이 넘어서 전체의 절반을 차지하였다. 같은 자료에는 정부 수립 후 1958년까지의 귀속재산 처분 통계도 있는데, 26만 3,774건에 443억 7,500만 환이었다(재무부 1958: 167). 이 시기 통계 자료가 그렇듯이 정확성을 완전히 신뢰할 수는 없으나, 미군정기 민간 매각 등

| 표 5 | 미군정의 귀속토지 매각 상황(1948. 9. 15 현재)

		농가 호수(戶)	면적(町步)
매각 면적	논	383,659	154,050
	밭	121,413	44,979
	소계	505,072	199,029
미매각 면적		104,724	125,034
합계		609,796	324,063

자료: 한국농촌경제연구원(1989: 383).

으로 처리된 귀속재산의 규모가 그렇게 크지는 않았다고 보는 것에는 큰 무리가 없다.

한편, 귀속재산 중 별도로 처리된 귀속토지의 경우는 한국농촌경제연구원(1989) 등에 그 처리 상황을 비교적 상세하게 알 수 있는 자료들이 남아 있다. 가장 늦게 시작되었으나, 가장 신속하게 대부분의 토지가 처리되었음을 알 수 있는데, 그 처리 상황을 보면 표 5와 같다.

미군정기 처분된 귀속토지는 전답, 다시 말해 논과 밭을 중심으로 한 농지가 대상이었다. 총규모는 약 20만 정보로, 이 토지를 원래 소작하고 있던 농민 50만 호에 매각되었다. 매각 면적 20만 정보는 표 2의 신한공사 관리 논과 밭의 합계인 27만 정보의 74%에 해당한다. 표 5의 매각 면적과 미매각 면적을 합한 32만 정보는 표 2의 비농지, 즉 과수원, 뽕밭, 산림, 대지 등을 합한 것과 대략 일치한다. 미군정은 1948년 3월 매각 실무를 담당하는 중앙토지행정처 설치 법령인 군정 법령 제173호를 공포하면서 신한공사 관리 농지 외의 토지와 재산에 대해서도 그 매각에 대한 방침과 계획, 절차 및 매각 조건 등을 담은 규정을 발표한다고 하였다. 그러나 이 조치가 취해지기 이전에 관련 업무가 한국 정부에 이관되었다(한국농촌경제연구원 1989: 383).

결국 미군정의 귀속재산 처리 방식은 남한 내에서만이라도 자본주의 시장경제 시스템을 공고히 하는 한편으로 일제 식민지 지주제를 해체하고 소비시장의 주력인 농민의 자작농화를 통한 안정을 추구한 것이다. 물론 미군정이 임명한 관리인, 임차인에게 해당 귀속재산의 우선권을 줌으로써 미국에 우호적인 사람들이 남한 사회경제를 주도하게 하려는 정치적 의도도 있었다. 귀속재산을 대하는 미국의 정치적 모습은 굳이 미루다가 미군정 말기에 서둘러 매각을 단행한 귀속토지에서 보다 선명하게 확인할 수 있다. 원래 귀속토지, 특히 농지의 매각은 근본적으로 농지개혁의 일환으로 실시되었어야 하였기 때문에 한국 정부 수립 이후에 단행되어야 하였다. 그럼에도 불구하고 미군정이 서둘러 귀속토지를 매각한 것은 임박한 남한만의 단독 총선거를 의식한 것이었다. 당시 미군정 민정장관이었던 안재홍(安在鴻)• 은 귀속토지 매각과 관련하여 "적산 농지의 분배는 독립정부 수립 후 단행함이 옳다고 보는 편도 있으나 총선거를 앞두고 적산 농지에서부터 분배를 착수한 것은 시대가 요청하는 일"이라고 하여 그 정치적 의도를 굳이 숨기지 않았다(『조선일보』 1948. 3. 24).

안재홍: 독립운동가로 중도우파의 정치 노선을 걸었다. 미군정 민정장관 재임 이후 정부 수립에 참여하였고, 2대 국회의원에 당선되었으나 한국전쟁 때 인민군에 의해 납북되었다. 납북 후 북한에서의 활동은 잘 알려지지 않았으나 1965년 사망한 것은 확인된다.

3

정부 수립과 귀속재산 처리

이관과 처리법 제정

전시 처리 재개와 결과

이관과 처리법 제정

1948년 8월 15일 이승만을 대통령으로 하는 대한민국 정부가 수립되었다. 이로써 일본군 무장해제와 이후 곧 실현될 한반도 신탁통치까지 남한의 현상유지 임무를 수행하는 임시기구로 설립된 주한미군정은 급변하는 정국 속에서 예상보다 훨씬 길어진 무려 3년간의 역할을 마감하였다. 그리고 그 과정에서 남한의 모든 일본 재산을 몰수하여 관리하였고, 일부를 매각 등으로 처리하였으나 귀속토지를 제외한 대부분의 재산은 한국 정부에 이관하였다.

미군정의 귀속재산 한국 정부 이관은 1948년 9월 11일자 「한미 재정 및 재산에 관한 협정」(Initial Financial and Property Settlement between the Government of the United States of America and the Government of the Republic of Korea)으로 공식화되었다.

협정 제5조에는 우선 한국 정부가 "현재까지 불하하지 않은 귀속재산, 귀속재산의 임대차 및 불하에 의한 순수 입금의 소비되지 않은 금액은 일체의 수취 계정 및 매매 계약과 함께 그를 이양받는다"고 명시하였다. 여기에는 한 가지 주목되는 단서가 달

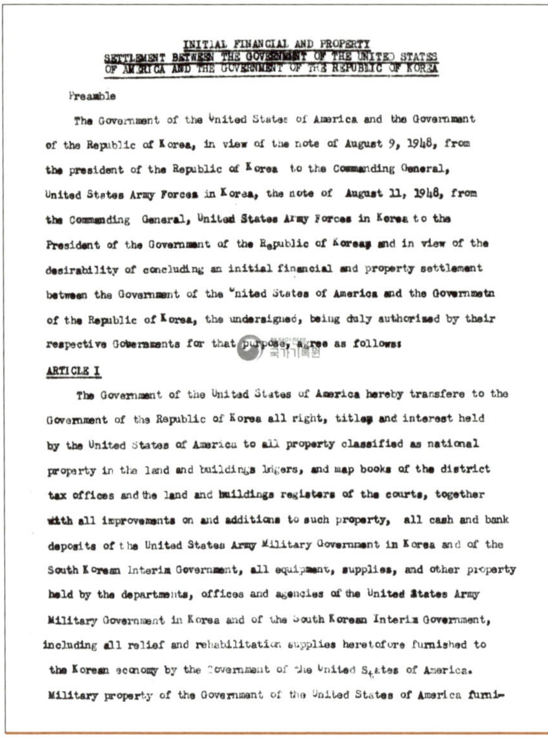

INITIAL FINANCIAL AND PROPERTY SETTLEMENT BETWEEN THE GOVERNMENT OF THE UNITED STATES OF AMERICA AND THE GOVERNMENT OF THE REPUBLIC OF KOREA

Preamble

The Government of the United States of America and the Government of the Republic of Korea, in view of the note of August 9, 1948, from the president of the Republic of Korea to the Commanding General, United States Army Forces in Korea, the note of August 11, 1948, from the Commanding General, United States Army Forces in Korea to the President of the Government of the Republic of Koreas and in view of the desirability of concluding an initial financial and property settlement between the Government of the United States of America and the Governmetn of the Republic of Korea, the undersigned, being duly authorised by their respective Goberaments for that purpose, agree as follows:

ARTICLE I

The Government of the United States of America hereby transfere to the Government of the Republic of Korea all right, titles and interest held by the United States of America to all property classified as national property in the land and buildings ledgers, and map books of the district tax offices and the land and buildings registers of the courts, together with all improvements on and additions to such property, all cash and bank deposits of the United States Army Military Government in Korea and of the South Korean Interim Government, all equipment, supplies, and other property held by the departments, offices and agencies of the United States Army Military Government in Korea and of the South Korean Interim Government, including all relief and rehabilitation supplies heretofore furnished to the Korean economy by the Government of the United States of America. Military property of the Government of the United States of America furni-

한미 재정 및 재산에 관한 협정서 일부

자료: 국가기록원 소장 자료(관리번호: BA0028980, UCI 코드: G500:1310377-00000005463643).

려 있는데, 한국 정부는 귀속재산을 이양받는 대신 "군정 법령 제33호에 의해 미군정이 일본의 공적 또는 사적 재산에 이미 행한 모든 처분을 승인하고 비준함과 동시에 앞으로 발생할 모든 관련 소청에 대한 책임을 지고 미국은 그 책임을 면한다"는 내용이다. 이것은 사실 미국이 군정기 동안 귀속재산을 처리하면서 이 처리가 내포한 국제법적인 문제점에 대해 한편으로 가지고 있었던 불안감을 한국 측에 전가한 것이었다. 이것은 일본에 대해서도 1951년 9월 연합국과 일본이 제2차 세계대전을 종결하기 위해 체결한 「샌프란시스코 강화조약」(Treaty of San Francisco)에 미국이 한국에

샌프란시스코 강화조약과 귀속재산

샌프란시스코 강화조약(Treaty of San Francisco)은 1951년 9월 8일 미국 샌프란시스코 전쟁기념 공연예술 센터에서 맺어진 일본과 제2차 세계대전 연합국 사이의 평화 조약이다. 1952년 4월 28일자로 조약이 발효되었으며, 이로써 일본에 대한 연합군최고사령부(GHQ)의 군정통치가 6년 만에 종식되고 일본은 주권을 회복하였다. 조약의 내용 중 귀속재산과 관련되는 것은 제4조 b항이다. 그 내용은 "일본국은 제2조 및 제3조에 언급된 지역에 있는 일본국 및 그 국민의 재산에 대해 미군정의 지령이나 이에 따라 행해진 처리의 효력을 승인한다"였다. 영어 및 일본어 전문은 다음과 같다.

"Japan recognizes the validity of dispositions of property of Japan and Japanese nationals made by or pursuant to directives of the United States Military Government in any of the areas referred to in Articles 2 and 3."

"日本国は、第二条及び第三条に掲げる地域のいずれかにある合衆国軍政府により、又はその指令に従つて行われた日本国及びその国民の財産の処理の効力を承認する。"

서 취한 귀속재산 처리에 대해 일본이 승인하도록 하는 문구를 삽입한 것에서도 확인된다.

그러나 미국의 한일 양국에 대한 단속에도 불구하고 해방 후 미군정이 단행한 한국 내 일본인 사유재산의 몰수와 한국 정부 이관은 이후 쟁점으로 불거졌다. 1950년대 한일회담 과정에서 일본이 한국의 식민지 지배에 대한 사죄와 배상 요구에 대한 대응수단으로 내세웠기 때문이다.

제1차 한일회담(1952년 2월)
자료: 국가기록원 소장 자료(관리번호: CET0037738, UCI 코드: G500:1310377-00000000513190).

한국 정부는 1949년 약 24억 달러에 이르는 구체적인 '대일배상요구조서'를 작성하였다. 이에 대해 일본 정부는 남한 내 일본인 사유 재산의 몰수는 국제법 위반이며 따라서 한국 내 일본인 재산을 돌려받아야겠다는 이른바 '역청구권' 주장으로 맞대응하였다. 일본 정부의 역청구권 주장은 1952년 2월 일본 도쿄(東京)에서 개최된 제1차 한일회담부터 시작되었다. 한일회담 일본 측 대표단이 재산청구권 문제를 다루는 분과위원회였던 재산청구권위원회 회의에서

'재산청구권 처리에 관한 일본 측 협정 기본요강'이라는 제목의 문서를 통해 공식 제기한 것이었다. 재산청구권위원회는 한국 정부가 대일배상 요구 차원에서 제출한 '한일간 재산청구권 협정요강'을 논의하는 자리라고 생각하였던 한국 측 대표단은 큰 충격과 놀라움을 표시하면서 일본 측의 역청구권 주장은 협의 대상이 될 수 없다는 이유로 요강 자체를 일축하였다. 제1차 한일회담은 결국 이 문제가 직접적 원인이 되어 결렬을 맞게 된다(이원덕 1996: 49~58).

제1차 한일회담 결렬 이후에도 일본 정부가 '역청구권' 주장을 굽히지 않자, 한국 정부는 일본의 주장이 샌프란시스코 강화조약 제4조 b항의 규정에 위반되는 것이라는 법률적 반박을 내놓고, 조약 해석을 미국 측에 의뢰하였다. 미국 정부는 1952년 4월과 1957년 12월 해설 각서를 통해 "일본 정부는 한국에 대해 한국에 소재한 일본인의 재산 청구를 주장할 수 없다"고 결론지었다(박태균 2005). 결국 일본 정부는 미국 측의 조약 해석을 수용해 1957년 12월 역청구권 주장을 철회하기에 이르지만, 이후에도 한일회담 과정에서 한국의 배상 요구를 약화시키는 유용한 도구로 계속 활용하였다.

이렇듯 한일회담의 뇌관 중 하나였던 귀속재산이지만, 미군정으로부터 동 재산을 이관받은 한국 정부는 군정 말기부터 계속되어 온 재산 매각을 일단 중지시키고 그 처리를 위한 법적·행정적 틀을 갖추는 데 착수하였다. 1949년 2월 귀속재산 관련 업무를 담당하는 임시관재총국•이 설치되고 11월에는 귀속재산처리법이 통과되었다. 1950년 3월에는 귀속재산처리법 시행령, 5월에는 시행세칙이 제정되어 귀속재산 처리를 위한 법적 토대가 완비되었다.

임시관재총국: 1948년 12월 29일자 대통령령 제42호로 임시관재총국 직제가 제정되면서 설치 근거가 마련되었다. 동 법령 제1조는 임시관재총국이 귀속농지를 제외한 일체의 귀속재산에 대한 사무를 관장한다고 명시하였다. 1950년 4월 「귀속재산처리법」에 의해 실무기관으로 관재청이 설립되면서 업무를 이관하고 해체되었다.

한국 정부의 귀속재산 처리 방침은 기본적으로 미군정의 처리 정책을 계승하였다. 귀속재산을 바라보는 해방 직후 한국인의 생각은 그것이 신생 독립 국가 경제건설의 토대로서 요긴하게 이용되어야 한다는 것이었다. 그리고 일제 식민치하의 억압으로 한국인 민간 자본의 성장이 미약하였기 때문에 이를 대신할 국가의 역할 필요성에 대해서도 공감대를 형성하였다. 그러나 이를 위한 구체적인 경제 체제의 형태를 어떻게 해야 할지는 사회주의 계획경제부터 자본주의 시장경제에 이르기까지 좌·우, 중도 등 정치적 입장에 따라 차이가 있었다. 그러나 남한에 우익 세력에 의한 단독 정부 수립이 확정되어 가는 상황에 비례하여 귀속재산은 미국이 주도하는 이른바 자본주의 시장경제에 1국 경제단위로 결합하는 데 역할을 하도록 그 처리가 결정되었다. 미군정의 일본 재산 몰수와 민간 매각 단행은 한국경제를 일본경제에서 분리하고 미국 주도 자본주의 시장경제의 일원으로 만드는 조치였다. 따라서 한국 정부가 미군정의 처리 정책을 계승하였다고 하는 것은 우선 이양받은 귀속재산의 민간 매각을 지속한다는 방침에 변함이 없는 것을 의미하고, 귀속재산처리법의 공포는 이를 확정한 것이었다.

그러나 그럼에도 불구하고 해방 공간에서 어떤 국가를 건설할 것인가를 놓고 치열하게 대립·경쟁한 과정은 그 영향을 일정 정도 남겼고, 이것이 귀속재산 처리에도 영향을 주었다. 즉, 제헌헌법에 반영된 '공공성을 가진 기업의 국영 또는 공영(제87조)' 원칙은 「귀속재산처리법」에 반영되어 귀속공장 중 예상보다 광범위한 범위가 민간에 매각되지 않도록 저지하였다.• 귀속공장 중 제헌헌법 제87조에 열거된 국가기간산업으로 분류된 중요 사업체와 광산, 제철소, 기계공장, 기타 공공성을 가진 공장들이 국영화되었다(귀속재산처리법 제6조). 그 결과는 귀속광

헌법 및 법령 검색: 대한민국 헌법 및 기타 정부 법령의 구체적 내용과 관련해서는 법제처 국가법령정보센터(https://law.go.kr)에서 검색, 확인할 수 있다.

산의 집합체인 대한석탄공사, 조선중공업주식회사의 후신으로 한국 유일의 대형 강선(鋼船) 건조 조선소인 대한조선공사, 조선총독부 독점 해운회사였던 조선우선(朝鮮郵船)주식회사•의 후신인 대한해운공사 등으로 나타났다. 제헌헌법 경제조항의 사회주의적 요소가 강하였던 것과 독립 국가의 경제건설에 대한 국유·국영의 목소리가 높았던 당시의 시대적 분위기에서 꽤 많은 귀속재산, 특히 귀속기업체가 국영 혹은 공영화되었던 것이다. 귀속재산 민간불하가 본격적으로 시작된 1951년 초의 시점에서 이미 55개의 귀속기업체가 '국공유·국공영 기업체'로 지정되었고, 여기에는 경공업인 면방직공업에서 최대공장이었던 조선방직(朝鮮紡織)주식회사•가 포함되어 있을 정도였다. 관련하여 당시 국회 국정감사 보고서의 조선방직에 대한 다음과 같은 언급은 주요 귀속공장의 국영화에 대한 분위기를 상징적으로 보여 준다.

조선우선주식회사: 1912년 조선총독부 주도로 일본의 주요 해운회사인 일본우선, 오사카상선(大阪商船) 등의 출자를 받아 설립한 국책해운회사이다. 한반도 연안 해운의 식민지적 재편을 목적으로 하였다.

조선방직주식회사: 1917년 일본 대표 재벌인 미쓰이(三井) 계열의 자본 출자로 부산 범일동에 설립된 국내 최초 근대식 대규모 방직공장이다.

> 금번 6.25 동란으로 인하여 경인 지구에 있는 모든 면방직공장이 파괴를 당한 오늘날, 국내 잔존 회사로 유일무이한 조선방직회사(대구공장 포함)는 일산(日産) 2,300필, 월산(月産) 7만 필, 기타 모포, 붕대

> 등 군수품도 생산되어 연 80억이란 심대한 이익을 올리는 국보적인 존재일 것이다. 실로 본 회사의 발전 여부는 직접 국가, 민족의 이해관계에 좌우된다고 보며 우리 헌법 제87조에 의하면 국민의 직접 이해관계와 공공성을 가진 기업체는 국영 또는 공영으로 한다 하였으니, 이 회사는 어떤 애로가 있더라도 원활한 국영으로 하여 국민경제 생활의 만전을 기하는 것이 타당하다고 보는 것이다(상공위원회 1957: 323~324).

사실 조선방직이 국영기업에 포함된 것은 제헌 헌법이 규정한 경제기조의 반영과는 다른 각도에서 특별한 배경이 있었다는 점도 지적해 두어야 한다. 우량한 기업이 야당의 손에 들어가 정치자금의 줄이 되는 것을 방지하기 위한 이승만 대통령의 직접적 지시가 있었기 때문이다. 이 대통령은 담화를 통해 "조선방직회사는 특별히 우리나라에서는 큰 공장이니만큼 무슨 정당이든지 막론하고 정당 손에는 들어가지 말게 할 작정"이라고 공식적으로 천명하였다. 조선방직의 국영화가 정치적 이유였다는 것은 이 조치가 면방직공업 대규모 귀속기업체 중 유일한 사례였다는 것으로도 뒷받침된다(배석만 2001).

귀속재산의 매각 방식도 미군정의 방식을 계승

하여 기존 귀속재산의 관리인, 임차인 등 연고자에게 매각의 우선권을 부여하는 것이 결정되었다(귀속재산처리법 제15조). 그러나 모든 귀속재산이 연고자에게 우선권을 부여한 매각으로 이루어진 것은 아니다. 대표적인 것이 대통령령이 정하는 대규모 귀속기업체였다. 여기에 해당하는 귀속기업체는 우선권이 인정되지 않고, 경매를 통한 최고가격 입찰자에게 매각하도록 하였다(귀속재산처리법 제15조).

매각 전의 귀속재산은 개인이나 법인에 임대할 수 있고, 임대하기에 적당하지 않은 재산에 대해서는 관리인을 선정하여 관리하였다. 특히 중요하다고 인정되는 귀속재산에 대해서는 9인 이내의 공동관리인을 선정하여 이사제를 시행할 수 있었다(귀속재산처리법 제24, 25, 30조). 주로 대규모 귀속기업체가 여기에 해당하였다.

귀속재산 매각 형태는 크게 기업체 매각, 부동산 매각, 동산 매각, 주식 또는 지분 매각의 4종류로 구분하였다(귀속재산처리법 제8조). 기업체 매각은 귀속재산 중 일본 기관, 국민 또는 단체가 영리를 목적으로 하는 사업에 공용(供用)하던 부동산, 동산, 기타 제 권리 등 일체의 재산을 종합적 단일체로 평가하여 매각하는 것이다. 단 기업체로서 존속할 가치가 없는 때 또는 기업체 운영에 지장이 없을 때는 그 재산을 분할하여 매각할 수 있었다. 부동산 매각은 귀속재산 중 기업체 매각의 대상이 아닌 부동산들, 즉 점포, 대지, 주택, 기타 부동산을 매각하는 것이었다. 동산 매각도 동일하게 기업체 매각의 대상이 아닌 동산들을 매각하는 것이었다. 주식 또는 지분 매각은 귀속된 주식 또는 지분을 매각하는 것이었다. 매각 대상 귀속재산의 가격은 정부의 사정 가격으로 하는데, 이것은 2개 금융기관 이상의 감정에 의해 결정된 시가(時價)로 하였고, 이를 통해 정부로부터 귀속재산을 매수한 개인이나 법인은 그 대금 납부에 대하여 최장 15년의 기한으로 분납할 수 있었다(귀속재산처리법 제18~19조). 그리고 계약일로부터 2년 이내에 대금의 절반 이상, 또는 4년 이내에 70% 이상을 납부하였을 경우에는 납부금 잔액에 상당한 저당권을 설정하고 매수자에게 소유권 이전이 가능하였다. 소유권 이전 전의 귀속재산 매수자는 정부 임명 관리인의 지위에 있으며 그에 따른 규정된 의무를 수행하여야 하였다(귀속재산처리법 제22조).

귀속재산 매각 대금 납부와 관련해서는 농지개

地價證券

No.

一、補償數量 正租

約定

一、補償期間 自檀紀四二八三年[illegible] 至檀紀四二八八年[illegible]

一、一年支拂額

一、支拂期日 每年五月三十一日以內

一、支拂場所 韓國殖産銀行

本證券은農地改革法第五條第八條및同施行令第十五條에依하여政府가買收한農地에對한地價로서發行한다

附記

一、本證券은農地改革法第八條및同施行令第二十四條에依하여[illegible]

一、本證券은農地改革法第八條및同施行令第二十五條에依하여擔保에利用할수있다

檀紀四二八三年五月三十一日

農林部長官

지가 증권

자료: 국사편찬위원회 우리역사넷(http://contents.history.go.kr).

혁에 따라 지주들이 농지 매각 대금으로 받은 농지 증권, 일명 지가 증권(地價證券)으로 납부하는 것이 가능하였다(귀속재산처리법 제19조). 지가 증권이 귀속재산 대금의 정부 상환에 현금처럼 사용이 가능할 수 있었던 것은 농지개혁에 따른 지주의 불만을 달래는 한편으로, 지주가 산업자본가로 수월하게 전환하도록 유도하는 정책적 고려가 담긴 것이었다. 한국전쟁이라는 돌발 변수와 지주 계층이 가진 보수성으로 인해 이들이 산업자본가로 성공적 변신을 이룬 경우는 그렇게 많지 않았지만, 지가 증권은 귀속재산 매각 대금의 상환에 널리 쓰였다. 전쟁으로 인한 경제적 어려움 때문에 많은 지가 증권이 헐값으로 방매되었고, 이를 귀속재산 매수자들이 사들여 귀속재산 대금으로 사용하였기 때문이다. 실제로 정부 수립 후 1958년 4월까지의 귀속재산 총매각 대금의 65%가 지가 증권이었다(배석만 2014a: 67).

귀속재산 처리와 관련한 법령 제정이 완비되면서 미군정에게 귀속재산을 이양받은 이후부터 그 실무를 맡았던 임시관재총국이 해체되고, 1950년 4월 귀속재산처리법에 의한 관재청[•]이 독립된 전담 행정기구로 설립되어 실무를 담당하게 되었다. 지방의 시와 도에 9개소의 지방관재국이 설치되고, 그 산하에 다시 39개소의 출장소가 조직되어 귀속재산 처리의 일선 행정 업무를 담당하였다. 그리고 1955년 2월 행정부의 대규모 조직 개편에 따라 관재청이 폐지되고 귀속재산 업무는 재무부 소관이 되었다. 재무부는 산하 관재국으로 하여금 귀속재산 처리 업무를 담당하도록 하였다. 재무부 소관의 귀속재산 처리는 1964년까지 지속되었고, 1965년부터는 다시 국세청으로 이관되었다.

관재청: 1950년 4월 24일 대통령령 제329호로 설립되었다. 귀속재산의 관리와 매각, 기타 귀속재산 처리에 관한 사항을 관장하였다. 1956년 귀속재산 업무가 재무부로 이관되면서 폐지되었다.

관재청과 별도로 국무총리 직속의 관재위원회가 설치되었는데, 이것은 귀속재산과 관련한 중요 사항을 조사·심의하기 위한 것이었다. 귀속재산 매수자의 자격심사, 매각 가격 결정, 관리인 및 임차인의 임명 등 제반 중요 사항을 처리하였다. 관재위원회는 1955년 행정 개편으로 귀속재산 업무가 재무부 산하로 들어가면서 폐지되고, 그 사무는 재무부 장관이 직접 관장하게 되었다. 한편, 귀속재산에 관한 소청 처리기관으로 '귀속재산소청심의회'를 별도로 설치하여 운영하였다.

귀속토지 중 농지는 「귀속재산처리법」의 적용을 받지 않고, 「귀속재산처리법」에 이어서 제정·공포된 「농지개혁법」의 적용을 받았다. 1950년 3월 10일 「농지개혁법」 공포에 이어 같은 달 25일에는 동 시행령이 제정되었다. 귀속농지는 앞서 언급하였듯이 미군정기 대부분 매각되었지만, 남아 있던 귀속농지가 대지주의 토지와 함께 자소작농에게 매각되었다. 「농지개혁법」의 대금상환 방식은 연평균 수확량의 1.5배를 5년간 현물로 균등 상환하는 것으로 귀속농지도 이 규정을 적용받았다. 미군정기 이미 불하된 귀속농지도 기존 3배를 15년간 상환하던 것에서 「농지개혁법」의 상환 방식으로 변경되었다. 관련 업무는 미군정기 귀속농지 불하의 실무를 담당하였던 중앙토지행정처가 1949년 1월 대통령령 제46호에 의거 귀속농지 관리국(농림부 외국)으로 전환하여 담당하였다. 1952년 귀속농지 관리국은 농림부 농지국과 통합(대통령령 제625호 1952. 4. 12), 농지관리국으로 일원화되었다(농지개혁사편찬위원회 1970: 353).

전시 처리 재개와 결과

민간에 대한 매각을 중심으로 하는 귀속재산 처리의 본격화는 1950년 6월로 예정되었다. 1950년 5월 귀속재산처리법 시행세칙이 제정되면서 처리를 위한 모든 법·제도적인 틀이 완성되었기 때문이다. 정부로서는 심각한 재정적자를 메우는 중요한 수단으로 귀속재산 매각이 인식되었기 때문에 적극성을 띠었다. 「농지개혁법」의 적용을 받는 귀속농지를 제외한 모든 귀속재산의 매각은 1950년 6월 22일 서울시 소재 점포의 매각을 신호로 본격적으로 개시되었다. 그러나 바로 3일 뒤에 한국전쟁이 발발하면서 매각 작업은 중단될 수밖에 없었다.

그런데 귀속재산 매각 작업은 의외로 빨리 재개되었다. 전쟁 발발로부터 대략 반년 정도가 지난 1951년 1월부터 임시 수도였던 부산에서 다시 시작되었기 때문이다. 그 규모가 방대하고, 복잡한 절차를 거쳐야 하며, 재산과 관련되었으므로 여러 가지

마찰과 민원이 빈발할 사무를 전시의 임시 수도에서 서둘러 시작한 것은 상당히 이례적인 것이었다. 그럼에도 불구하고 귀속재산 매각을 강행하게 된 배경에는 정부 재정 마련이라는 당시 이승만 정권이 가진 절박한 상황이 있었다. 재정 문제는 정부 수립 후 지속되었지만, 한국전쟁은 그 상황을 보다 심각하게 만들었다. 한국전쟁 수행을 위한 전비 및 경제복구를 위한 자금 등 재정자금 수요는 폭발적으로 증가한 반면 재정 수입원은 그렇게 많지 않았기 때문이다. 부족한 자금을 메우기 위해 미국에 원조를 요청하였지만, 미국은 우선 한국 정부가 스스로 재정자금을 마련하도록 요구하고 그 방안으로 귀속재산의 처리를 압박하였다. 정부 입장에서도 재정 확충을 위한 별다른 방도가 없었기 때문에 결국, 전시임에도 귀속재산 매각을 재개하였던 것이다.

귀속재산 매각의 최우선 목적이 정부 재정 조달에 있었기 때문에 재산의 매각 가격을 최대한 올릴 필요가 있었다. 이로 인해 정부는 「귀속재산처리법」이 규정한 연고자에게 우선권이 부여된 매각이 아닌 '일반 경매제'를 추진하기도 하였다. 이승만 정부와 사이가 좋지 않았던 국회의 반대로 실패하였지만,

| 표 6 | 귀속재산 연도별 매각 상황

(단위: 천 원)

연도	건수	계약 금액	연도	건수	계약 금액
1948	985	1,828	1956	41,002	566,611
1949	972	775	1957	33,676	491,085
1950	704	9,454	1958	20,039	299,692
1951	5,905	38,436	1959	14,592	203,370
1952	11,460	89,656	1960	6,385	179,506
1953	35,557	396,497	1961	9,423	324,899
1954	76,049	934,370	1962	7,712	1,230,698
1955	51,181	1,211,679	합계	315,642	5,978,527

자료: 재무부(1963: 320~321).

당시 신문 지상에는 귀속재산의 매각 방식을 놓고 연일 정부와 국회의 설전이 보도되었다. 그만큼 귀속재산 매각을 통한 재정 확보는 이승만 정부에게는 긴급한 문제였다.

재정 확보를 목적으로 재개된 귀속재산 매각이 이승만 정권기 얼마나 이루어졌는지를 가장 일목요연하게 볼 수 있는 자료는 1963년 재무부가 발행한 『관재통계연보』이다. 이를 통해 작성한 귀속재산의 연도별 불하 상황이 표 6이다.

전체적으로 보면 한국전쟁 이후 정부가 재정자금 마련을 위해 귀속재산 민간 매각을 재개하는 1951년부터 처리가 급증하기 시작하여 1950년대 중

| 표 7 | 귀속재산 처분 상황

(단위: 건)

연도	기업체	부동산	기타	합계
1948	407	541	590	1,538
1949	107	299	323	729
1950	162	731	16	909
1951	391	6,740	82	7,213
1952	359	9,981	81	10,421
1953	121	39,693	320	40,134
1954	233	92,735	95	93,063
1955	165	63,717	217	64,099
1957	61	36,418	162	36,641
1958	23	8,784	75	8,882
합계	2,029	259,639	1,961	263,629

주: 1) 1958년 5월 31일 현재 상황임.
2) 원자료의 합산 오류는 수정함.
자료: 재무부(1958: 167).

반에 건수와 금액 모두 정점을 이룬 뒤 점차 감소 경향에 있음을 알 수 있다. 그리고 해방 후 1962년까지 총 31만 6,000건 정도가 매각되었고, 금액으로는 60억 원에 이르렀다. 60억 원은 박정희 시대 화폐개혁• 후의 단위로, 해방 직후 화폐단위 '원'으로 하면 인플레이션을 반영하지 않은 단순 계산으로도 60조 원에 이르는 거액이다.

다음으로 귀속재산의 처리가 재산의 종류별로 어떻게 이루어졌는가를 제시하면 표 7과 같다.

화폐개혁: 정부가 인위적으로 화폐 가치를 조절한 것으로, 한국의 경우 1953년 기존 100원(圓)을 1환(圜)으로 변경하였고, 1962년 다시 10환을 1원으로 변경하는 조치가 취해졌다. 모두 높은 인플레이션을 수습하기 위한 목적이었다.

| 표 8 | 귀속재산 중 부동산 매각 실태

(단위: 건)

주택	점포	대지	임야	기타	합계
60,627	8,054	164,660	3,769	22,523	259,633

주: 1) 1958년 5월 말 현재 상황임.
2) 표 7의 합계와 약간의 차이가 있음.
자료: 재무부(1958: 168).

1958년 5월 말 현재 총 매각 건수 26만 3,629건 중 부동산이 약 25만 9,639건으로 압도적인 비중을 차지하였다. 매각된 부동산은 주택, 점포, 임야, 대지 등인데, 이 중 대지가 약 16만 5,000건으로 절대 비중을 차지하였다. 그다음 비중을 차지한 것이 '적산가옥'으로 불린 주택으로 6만 건 순이었다. 정리하면 표 8과 같다.

귀속재산 중 기업체는 표 7을 보면 1958년 현재 2,029건이 매각조치를 완료하였다. 당시 재무부가 관리하고 있던 귀속기업체의 총 건수가 2,203건이었다. 재무부는 장기간 가동이 중단되어 공장으로서의 기능을 상실하였을 뿐 아니라, 시설과 건물의 현상 유지조차 어려워 해체와 청산이 필요한 대상을 제외하고는 대부분 매각된 것으로 언급하고 있다(재무부 1958: 155). 공장·사업체의 경우 70% 이상이 법령 제33호를 통해 미군정에 귀속되었고, 그 숫자를 김기원(1990)의 추계에 따른 2,500~3,000개로 할 경우, 해방 공간의 혼란에 따른 큰 유실 없이 국가의 관리를 거쳐 민간에 이전된 것으로 평가할 수 있다. 왜냐하면 일제 말과 미군정에 귀속된 공장·사업체 수의 차이 30%는 태평양전쟁 말기에 이미 해체, 또는 일제가 정책으로 추진한 기업 정비에 따른 통합, 기타 자진 폐업 등이 일어났던 점을 감안할 경우 큰 유실로 보기 힘들기 때문이다. 그리고 김기원이 추계한 기업 수 2,500~3,000개는 미군정기 513개 공장·사업체의 매각, 정부 수립 후 인계받은 공장·사업체 2,203건을 합할 경우 거의 근사치이기 때문이다.

귀속재산 중 부동산, 동산 등에는 미군정 접수 건수와 실제 매각된 건수 사이에는 차이가 있었다. 차이는 재산 건수의 증가에 의한 것으로, 재산의 관리와 매각 과정에서의 분할 매각 때문이었다. 특히 부동산 매각에서 주로 발생하였다. 그 외에 한국전쟁으로 수복된 지구의 귀속재산 등 새로운 재산 발견, 다른 정부 부처로부터 귀속재산 관할 부서인 재무부로 이관된 재산 등이 합쳐진 결과였다. 1950년대 후반부터 귀속재산 업무를 담당한 재무부가 1958

년 출판한 『재정금융의 회고 - 건국 10주년 업적』에 보이는 다음의 언급은 이런 정황을 뒷받침한다.

> 귀속재산의 총건수는 291,909건으로서 이는 원래 170,605건이였던 것인바 단기 4285년 농림부로부터 이관받은 임야 등 재산 및 기본재산 조사에 의한 미계약 재산인 121,304건이 추가 증가된 바이다. 최근에 있어서 잡종지 392건, 농림부로부터의 임야 및 대지화재산(垈地化財産)의 신규 인수와 기업체 운영 폐지로 인한 일반 재산화된 재산 52건 증감으로 인한 37,147건이 자연증가되었고, 단기 4291년 5월 말 현재 총 매각 건수는 263,774건을 시현하고 있다(재무부 1958: 127).

「귀속재산처리법」은 귀속재산을 매각할 경우 연고자에게 매각의 우선권을 부여하도록 규정하였고, 이것은 미군정이 귀속재산을 매각하던 방식을 계승한 것임을 지적하였다. 그러나 한국전쟁을 계기로 귀속재산 매각이 긴급한 재정 수요를 충당하는 방책으로 떠오르면서 정부는 연고자에게 우선권을 부여하지 않고 최대한 높은 가격으로 매각할 가능성이 큰 경쟁 입찰을 추진하였다. 그러면 실제 어떤 형식으로 매각이 이루어졌는지 살펴보자.

귀속공장의 매각과 관련한 자료가 남아 있는데,

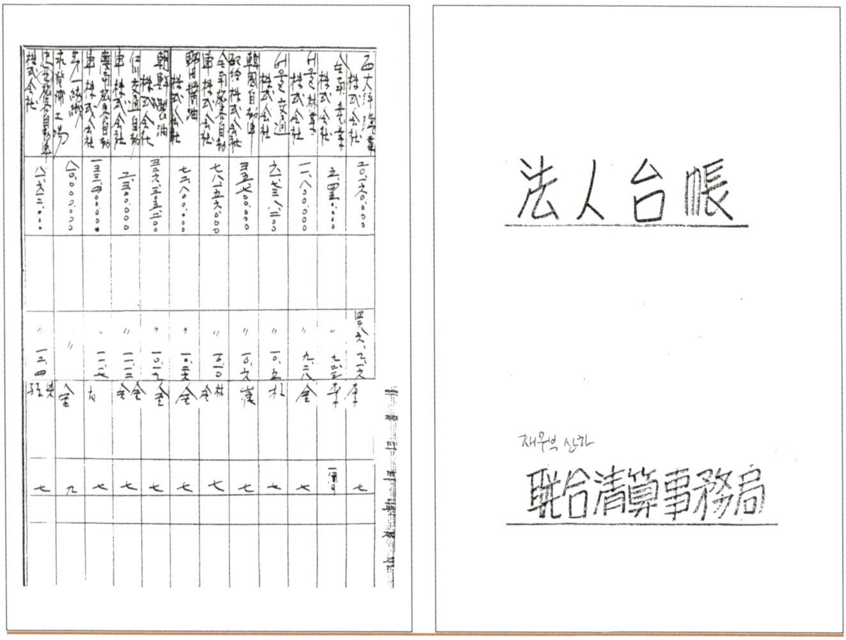
法人台帳

聯合清算事務局

『법인대장』
자료: 재무부(연대불명).

재무부에서 작성한 『법인대장』이라는 자료이다. 매각된 개별 공장 단위로 매각 금액, 상환조건, 우선권 여부 등 정보를 상세하게 알 수 있다.

우선 『법인대장』의 불하 상황을 정리하면 표 9와 같은데, 1946년부터 1960년까지 총 매각 건수는 2,061건이다.

1960년까지 이들 2,061개의 매각된 귀속공장에 대하여 「귀속재산처리법」의 연고자 우선권 적용 여

| 표 9 | 귀속공장 매각 상황

연도	불하 건수	연도	불하 건수
1946	1	1954	282
1947	29	1955	138
1948	157	1956	100
1949	65	1957	53
1950	37	1958	34
1951	413	1959	24
1952	324	1960	6
1953	361	미상	37
		합계	2,061

자료: 재무부(연대불명).

부를 확인하여 다시 정리하면 표 10과 같다.

총 매각 건수 2,061건 중 우선권 인정 건수가 1,504건으로 전체 귀속공장 매각의 73%를 차지하여 압도적인 비중임을 확인할 수 있다. 「귀속재산처리법」에서 규정한 해당 귀속공장의 관리인, 임차인 등 연고자에게 매각의 우선권을 부여하는 것이 대체로 적용되었음을 확인할 수 있다. 우선권 불인정 건수는 196건, 9.5%에 불과하였다. 우선권 인정 여부를 알 수 없는 경우가 360건으로 17.5%인데, 이 불명확성이 우선권 인정의 대세에 영향을 줄 정도의 비중은 아니다. 부산 지역을 조사한 김대래 · 배석만(2008)

| 표 10 | 귀속공장 매각 방식

	우선권 인정	우선권 불인정	기타 미상	합계
중앙	13	10	270	294
서울	289	19	13	321
경기	111	28	4	143
강원	63	2	4	69
충북	43	5	4	52
충남	82	1	18	101
경북	217	31	30	278
경남	389	14	7	410
전북	205	11	4	220
전남	91	75	7	173
총계(건)	1,504	196	361	2,061
비율(%)	73	9.5	17.5	100

자료: 재무부(연대불명).

의 연구에 의하면 우선권 인정 건수는 69%였다. 이들의 연구는 산업별 편차가 있었음을 지적하고 있는데, 면방직이 속해 있는 섬유공업이 가장 높아서 79%이고, 금속기계가 62%로 가장 낮았다(김대래·배석만 2008: 81).

『법인대장』을 통해 귀속공장을 정부로부터 불하받은 개인이나 법인이 그 대금을 정부에 상환하는 방식도 다양하였음을 알 수 있다. 「귀속재산처리법」에는 최장 15년까지 대금의 분할 상환을 규정하고 있는데, 실제로는 상환 기간의 경우 길게는 15년 분할에서 일시불까지 다양하였고, 불하계약 후 최초 상환금의 전체 금액에서의 비율도 사례마다 달랐다. 대체적으로는 소규모 기업의 경우 일시불 상환 또는 분할 기간이 짧았고, 대규모 기업의 경우 분할 기간이 긴 대신 최초 납입금의 비율이 높은 경향이었다.

전체적으로 보면 1951년부터 시작된 귀속재산 매각은 대체로 「귀속재산처리법」에 의거하여 무난하게 진행된 것처럼 보인다. 그러나 최소 두 가지 점에서 1950년대 이승만 정부의 귀속재산 처리는 한계를 가졌다. 첫째는 해당 재산을 정부로부터 불하받을 경우 매우 큰 특혜로 생각되었던 중요 재산, 특히 장래성이 좋은 대규모 귀속공장, 은행 등의 매각이 투명하게 처리되지 못하고 논란이 있었다는 점이다. 대규모 원조 원료와 결합하여 1950년대 급성장한 이른바 '삼백공업'(三白工業)• 의 한 축으로 귀속 면방직공장들인 조선방직, 고려방직•, 그리고 재계 최고의 관심사로 당시 유수의 기업가들 간에 쟁탈전이 전개된 조선상업은행•, 조선저축은행• 등 귀속은행의 매각 등이다. 이들 귀속재산의 처리에는 「귀속재산처리법」의 규칙이 지켜지지 않았고, 독재

삼백공업: 1950년대 대규모로 도입되는 원조물자를 원료로 공급받아 급성장한 면방직, 제분, 제당의 3가지 공업 분야를 말한다. 생산된 면직물, 밀가루, 설탕이 흰색이라 삼백공업으로 불렸다. 현재 한국 대표 재벌 삼성은 1953년 제일제당을 설립, 제당업에 뛰어들면서 제조업자로 변신하였다.

고려방직: 1935년 일본 면방 재벌 가네보(鐘紡)가 조선에 진출하여 설립한 대규모 방직공장이다. 미군정 관리하인 1947년 고려방직공사로 사명을 개칭하였다.

조선상업은행: 현 우리은행의 기원이 되는 은행으로, 한말 한국인들이 설립한 대한천일은행에서 시작하였다. 일제 시기 조선상업은행으로 은행명이 바뀌었고, 경영권도 일본인이 장악하였다.

조선저축은행: 현 SC제일은행의 전신으로, 1928년 일제가 저축은행령에 의해 설립한 국책은행이다.

사회적 이슈가 된 1955년 정부의 대규모 귀속공장 민간 매각 논란

1955년 조선방직, 삼척시멘트, 북삼화학 등 대규모 귀속공장들에 대한 정부의 처리 방침에 대해서는 사회적으로도 강한 비판이 일었다. 관련해서는 주요 일간지들도 자세히 보도하였는데, 특히 『동아일보』는 국회 재정경제위원회의 조사보고를 1956년 1월 21일부터 23일까지 3차례에 걸쳐 1면 연재 기사로 자세히 보도하면서 다음과 같이 비판하고 있다.

"8.15 해방 후 군정, 과정(過政), 민국 정부 수립 후 어언 10여 성상을 경과하고 귀속재산의 처분도 종결 단계에 가까운 차제에 종래 우리는 일반 기업 중 「중앙직할기업체」는 대체로 관재(管財) 행정 면으로나 일반 국민의 통념으로도 중요한 산업기업체로 인식하고 이것이 상식화되어 왔으므로 설사 귀속재산처리법의 수속 절차의 결함이 있다 하더라도 이를 입법 취지에 순응하여 일반 공매로 처분하여 재정 수입을 확립할 것으로 믿어 왔는데, 정부는 도리어 법령 수속 절차의 불비를 구실로 기간산업의 대기업체에 대하여는 의당 일반 공매 규정에 의하여 처분하여야 할 것임에도 불구하고 정실(情實)에 흐르는 관료의 독선, 독단으로서 일부 소수 특권층에게 위법으로 현 시가와 유리되는 가격으로 우선적 매각을 고의로 감행함에 의하여 일반 국민의 의아심을 분기케 함은 물론 원성도 자자할 뿐만 아니라, 한편으로 현재 거액의 적자 재정을 면치 못하는 난국에 임한 정부로서 국가 세입에 다대한 손실을 초래하고 있음은 실로 유감스러운 일이 아니라 할 수 없다."

의 길을 가고 있었던 이승만 정권과 정치자금이 필요한 자유당, 거대 귀속기업체를 손에 넣으려는 자본가 간의 정경유착 모습을 드러냈다. 예를 들어, 1955년 조선방직 부산공장과 대구공장, 삼척시멘트•, 북삼화학• 등의 대규모 귀속공장 매각이 이와 같은 정경유착을 통한 수의 계약 협의가 드러나서 국회 재정경제위원회가 진상 파악에 나서는 상황이 전개되었다(국회재경위 1955).

둘째는 귀속재산 매각 방식에 근본적인 문제가 있었다는 점이다. 특히 주로 법인에 대해서 정식 해산과 청산 절차를 밟지 않고 해당 법인의 재산을 매각한 경우가 많은 문제를 발생시켰다. 해당 법인에 지분을 가지고 있던 민간인들의 민원과 소송이 지속되었기 때문이다. 특히 기업 법인의 경우 한국인 민간 주주들의 저항이 커서 논란의 중심에 있었다. 귀속재산 처리는 1950년대 대체로 마무리되었지만, 이 문제 때문에 완전히 종결되지 못하고 1960년대 이후에도 장기간 진행되었다. 이 문제는 다음 장에서 좀 더 구체적으로 다루어 보도록 하겠다.

삼척시멘트: 1942년 일본 오노다(小野田) 시멘트가 삼척에 세운 공장이다. 해방 당시 남한 유일의 시멘트공장이었다.

북삼화학: 1936년 일본 자본의 진출로 삼척에 건설된 석탄개발회사이다. 설립 당시 회사 이름은 삼척개발이었고, 북삼화학은 1955년 변경된 회사명이다. 현재 DB메탈로 존속하고 있다.

4

1960년대 이후 재산 처리

미처리 재산의 존재와 문제점

미처리 재산의 청산 과정

미처리 재산의 존재와 문제점

귀속재산 처리는 정부의 계획대로라면 1950년대 말까지는 마무리가 될 것처럼 보였다. 「귀속재산처리법」에 의거하여 1950년 전담 독립행정기관으로 설치된 관재청으로부터 1955년 그 업무를 넘겨받은 재무부는 산하에 전담부서로 관재국을 설치하고 "1959년도까지는 남아 있는 귀속재산의 완전매진(完全賣盡) 목표 달성으로써 귀속재산에 관한 종지부를 찍겠다"고 하였다(재무부 1958: 170). 그러나 재무부의 구상과 달리 1960년대 이후에도 미처리 귀속재산은 상당수 남아 있었다. 박정희 군사정권이 들어선 1962년 말 현재 매각 등으로 처리되지 못하고 남아 있던 귀속재산은 4,000건 이상이었고, 가처분 건수까지 합할 경우 5만 건이 넘었다. 금액으로도 미처분 재산이 23억 원, 가처분 재산까지 합하면 38억 원 가량 되었다. 그 현황을 정리한 것이 표 11이다.

표 11을 보면 1962년 말까지 미처리된 귀속재산 중 건수나 금액 모든 면에서 절대적인 비중을 차지하는 것이 대지이고 그 뒤를 임야, 잡종지 등이 따르고 있다. 기업의 경우 이때까지 모든 대상 기업이 처

| 표 11 | 1962년 말 현재 미처리 귀속재산 현황

(단위: 건, 천 원)

		기업체	주택	점포	창고	대지	잡종지	임야	선박	동산	기타	합계
미처분	건수		389	113	52	2,446	315	770		1		4,086
	금액		46,241	197,649	7,093	1,665,578	6,582	418,259		430		2,342,832
가처분	건수	44	891	83	64	30,685	8,107	9,957	1	14	10	49,856
	금액	586,621	55,044	27,898	2,029	625,673	32,493	116,380	9	21	18	1,446,187

자료: 재무부(1963).

분되었음을 알 수 있다. 다만 44건이 처분은 결정되었으나 아직 매각·청산 사무가 종결되지 않은 가처분 상태에 있었다. 그러면 정부 담당 부처의 호언에도 불구하고 4,000건 정도의 귀속재산이 미처리 상태로 남겨진 이유는 무엇일까. 여기에 대하여 재무부는 매우 흥미로운 언급을 하고 있다.

> 남겨진 기업의 경우 덩치가 너무 큰 반면 당시 한국 경제 수준에서는 경제성이 없는 경우, 막대한 자금을 투자해서 경제성 없는 귀속 대기업의 매수 희망자가 없었다. 그 외에 대부분의 잔존 자산은 사유 건물이 있는 기성(旣成) 대지로서 점유자가 입찰에 참가하지 않을 뿐 아니라, 경원자(競願者)도 없는 형편이며, 산간벽지에 산재한 임야, 잡종지 등 영세한 재산 점유자에게 매수 권유를 하지만 생활 정도가 매우 곤궁하여 매수 권유에 불응하는 사실이므로 추수기를 택하여 매각을 꾀하고 있는 바이다(재무부 1958: 170).

이 언급은 비록 1958년 현재 약 1만여 건의 귀속재산이 미처분인 상황에 대해 설명한 것이지만, 1962년 말 현재 왜 대지, 임야, 잡종지가 당시 미처리 귀속재산의 압도적 비중을 차지하였는지에 대해서도 그 이유를 알려 주고 있다. 즉, 미처리 귀속재산의 대부분은 해방 후, 그리고 한국전쟁의 혼란 속에 일본인 소유 재산을 무단으로 점유하였으나, 정식으로 불하받지 않고, 또 정부가 연고자로 불하받을 것을 종용해도 그럴 생각도, 여력도 없는 사람들의 문제가 해결되지 않은 채 남은 것을 알 수 있다.

또 한 가지 흥미로운 언급은 '경제성이 없는 귀속 대기업'이다. 이들 기업은 대부분 당시 한국경제의 수준에서는 경영을 통해 수지타산을 맞출 수 없는 기업들로 주로 일제 말 군수공업화 정책 속에서 설립된 대형 중공업 공장들이었다. 일부는 이미 1950년대에 국영화되었으나, 귀속재산인 상태로 남아 있던 기업들도 많았다. 또 국영화되었던 기업들도 이후 미국의 압력과 이를 반영한 1954년 개헌으로 1950년대 후반 다시 민영화의 길을 걸었다.

그러나 불하받을 사람이 없었기 때문에 형식은 상법의 적용을 받는 일반 주식회사이나 내용적으로

1954년 개헌

일명 '사사오입 개헌'으로 불린다. 이를 통해 미국이 '사회주의적 헌법'으로 비난하였던 제헌헌법의 경제 기조를 상징하는 '공공성을 가진 기업은 국영 또는 공영으로 한다는 경제조항(제6장 경제, 제84~89조)'이 삭제되었다. 이 개헌을 계기로 자유경제 기조가 한층 강화되었고, 당시까지 국가가 관리·경영하던 전체 산업경제계의 방대한 비중을 차지하는 철도, 통신, 전기, 전매 등의 사업부터 은행을 포함한 미불하 귀속기업체, 대한석탄공사, 대한조선공사, 대한해운공사를 포함한 특수회사에 대한 민영화가 진행되었다.

는 여전히 정부가 대다수의 주식을 보유한 국영과 다를 바 없는 국가관리기업이라는 어정쩡한 상태로 남아 있었다. 대표적인 기업들이 대한조선공사, 대한해운공사, 한국기계제작소• 등이다. 그런데 이들 기업은 표 11에서 보듯이 1962년 말 현재로는 대부분 처리된 것으로 보인다. 1960년대 박정희 정권기에 들어와 다시 국영화됨으로써 미처리 귀속재산의 지위를 벗어났기 때문이다. 예를 들어, 대한조선공사의 경우 1962년 4월 30일자 법률 제1064호로 「대한조선공사법」을 다시 제정하였고, 이로써 상법의 적용을 받는 일반 주식회사에서 특수법에 의한 국영회사로 전환되었다.

한국기계제작소 : 1937년 일본 요코야마공업소(横山工業所)의 자본 진출로 인천에 설립된 조선기계제작소가 전신이다. 현재 HD현대인프라코어로 존속하고 있다.

해방 당시 대한조선공사 전경
자료: 대한조선공사(1968: 50).

그러나 재무부의 생각과 달리 정부의 귀속재산 처리는 이후에도 완결되지 않았고, 20세기 말까지 장기간 청산이 이어졌다. 그 이유는 1950년대까지의 귀속재산 처리가 정상적인 절차를 밟지 않았기 때문이다. 여기에 대해 2000년 당시까지 귀속재산 청산 업무를 수행하고 있던 재정경제부 연합청산위원회가 발간한 『국가귀속 청산법인 청산자료집』은 다음과 같이 기록하고 있다.

> 1964년 이전 관재청에서 청산 업무를 주관할 당시에 귀속법인의 귀속된 주식 또는 지분이 있는 법인으로서 존속할 가치가 없는 귀속 휴면법인에 대하여는 법인의 해산 절차를 거쳐 법인 소유 재산을 매각하여야 하는데, 대부분의 귀속법인 재산을 국유재산으로 간주하여 상법상 법인의 해산 절차를 거치지 않은 상태에서 기업체 및 정부 소유 주식과 지분 등을 매각한 오류가 발생하는 한편, 민간인 주주들의 민원으로 혼선을 빚게 되어 ……(재정경제부 연합청산위원회 2000: 16~17).

휴면법인: '휴면'의 뜻 그대로 쉬거나 자고 있는 법인으로, 일정 기간 활동이나 사업 실적이 없는 법인체를 의미한다.

여기서 귀속 휴면(休眠)법인•의 대부분은 기업체로 383개 휴면법인 중 361개가 해당하였다(재정경제부 연합청산위원회 2000: 25). 재정경제부 연합청산위원회의 언급은 대부분의 귀속재산 처리가 이루어진 1950년대 국가의 처리 방식에 결정적인 오류가 있었음을 정식으로 인정한 것이었다. 그 핵심은 '정부가 법인의 기능을 상실한 귀속 휴면법인의 재산을 법인 해산 없이 매각한 것'이었다.

정부는 이 문제를 해결하기 위해 1963년 5월 29일 「귀속재산처리에 관한 특별조치법」을 제정·공포하였다. 그러나 이 법은 기존 오류를 시정하기 위한 것이었다기보다는 미군정이 한국 정부에 그랬듯이 이전 정권이 귀속재산과 관련하여 행한 조치를 '합법화'하기 위한, 다시 말해 정부의 오류를 정당화하기 위한 장치였다. 이것은 동 법의 내용 중 "법 시행 이전에 매각된 재산에 대하여 이의가 있는 이해 관계인들이 법 시행일로부터 2개월 이내에 소송을 제기할 수 있도록 하고, 소송이 제기되지 않은 경우 귀속재산처리법 제8조에 의거 처리한 것으로 한다"는 조항에서 잘 알 수 있다(귀속재산처리에 관한 특별조치법 부책 제4조).

그런데 표 11에서와 같이 1962년 말 현재 처리되지 않은 귀속기업체가 '제로'인 것으로 보았던 재무부가 이 문제에 주목하게 된 것은 해당 법인의 민간인 주주들의 민원과 소송이 끊이지 않았기 때문이다. 그 핵심 논점은 이미 미군정기부터 논란이 되었던 국내에 본점을 둔 귀속법인의 소유 재산을 귀속재산으로 볼 수 있는가라는 문제였다. 미군정이 귀속재산으로 볼 수 없다고 판단하였지만, 이후 정부의 귀속재산 매각에서 귀속법인의 소유 재산을 귀속재산과 동일시하여 매각하는 사례가 빈발하였고, 이것이 민간인 주주들의 민원과 소송으로 이어진 것이었다. 결국 '귀속 휴면법인의 소유 재산을 국유

재산으로 간주하여 매각한 사실을 시정조치'하기 위해 「귀속재산처리에 관한 특별조치법」을 제정한 것이었다. 정부 역시 이러한 목적을 굳이 숨기지 않았다(재정경제부 연합청산위원회 2000: 15). 또 이런 문제를 근본적으로 해결하기 위해 귀속 휴면법인의 해산을 시작하였고, 이를 위해 그간 법인 해산을 어렵게 하고 있던 절차상의 문제를 간소화할 목적으로 재무부 장관이나 사세청장•이 해산을 위한 주주총회 또는 사원총회를 소집할 수 있도록 하는 내용을 특별법에 포함시켰다.

사세청: 현 국세청의 전신이다. 1948년 정부 수립 당시 재무부 사세국으로 출발하였으며, 1966년 국세청으로 승격하였다.

「귀속재산처리에 관한 특별조치법」 제정 이후 해산된 귀속법인은 총 383개로, 2000년까지 최종적으로 청산이 완료되고 이를 통해 처분한 재산은 총 1,011억 원이었다(재정경제부 연합청산위원회 2000: 13). 일본인 사유 재산을 귀속시킬 수 있는가라는 미군정의 딜레마에서부터 시작된 귀속재산 처리 문제는 이후 군정 법령 제33호에 의해 소유권이 일괄 미군정에 귀속되었지만, 귀속법인의 소유 재산까지 귀속되는가의 논란을 낳았다. 그리고 이 문제는 이승만 정권기 귀속재산의 불하 매각이 본격화되는 시기에도 시정되지 않았다. 특히 정부가 귀속 휴면법인의 청산을 정상적인 법인 해산 절차를 거치지 않고 일반 재산으로 간주하여 분할 매각해 버린 행정상의 시행착오까지 겹치면서 이미 1950년대에 완전 청산을 부르짖던 정부가 장기간에 걸쳐 청산 작업을 계속할 수밖에 없었던 배경이 되었다.

표 11의 1962년 말 현재 재무부의 미처분된 기업체가 이미 없다고 하는 인식은 당시 재무부가 제대로 운영되지 않아 휴면 법인화된 기업체의 재산을 단순히 일반 재산(부동산과 대지)으로 규정하였기 때문이었다. 결국 표 11의 미해결 재산 4,000건은 단순 일반 재산만이 아닌 휴면법인의 재산까지 포함하는 수치였음을 알 수 있다.

더욱이 문제는 정부가 오류로 인정한 '구 법인 해산 없이 재산 및 주식을 매각'한 귀속법인이 383개뿐이라고 단정하기 어렵다는 점에도 있다. 기록을 통해서도 이승만 정권기에만 최소 52개 휴면법인이 일반 재산으로 매각·처분되었다. 여기에 대해서 연합청산위원회는 "1964년 이전의 귀속청산법인의 청산종결 서류가 보존되어 있지 않다"고 말하고 있지만, 1964년은 「귀속재산처리에 관한 특별조치법」이 시행된 연도임을 감안하면 묘한 여운이 있다. 즉, 이승만 정권이 재정 충당을 위해 속전속결로 이루어진 귀속재산 처리의 오류를 가능한 선까지 그대로 덮고, 앞으로 문제가 생길 만한 가능성이 있는 휴면법인들을 특별법에 따라 완전히 청산함으로써, 최소한 앞으로는 동일한 오류를 반복하지 않겠다는 조치라고 말할 수밖에 없기 때문이다. 결국 해방 직후 남한 경제부흥의 핵심적 자원으로 평가받던 귀속재산은 반세기에 걸친 긴 처리 과정을 통해 불완전한 귀결로 막을 내렸다고 볼 수 있는 것이다.

귀속 휴면법인의 청산을 위한 특별조치법이 1963년에 제정되어 이듬해부터 시행되었지만, 청산은 2000년까지 장기간 지속되었다. 빈껍데기뿐인 휴면법인의 경우 쉽게 청산이 이루어졌지만, 재산이 남아 있는 경우 민간인 주주들과의 소송전이 벌어져 시간이 지체되었기 때문이다. 또 청산 과정에서 이전에 부정한 방법으로 귀속재산을 가로챈 민간인들이 발각되어 정부가 이들로부터 재산을 환수하는 소송을 진행하였던 사례도 있어 청산 기간을 지연시켰다.

국내 귀속법인이나 개인이 일본에 대하여 가지고 있던 각종 채권, 일본 소재 재산의 보상 역시 청산을 지연시킨 하나의 원인이었다(최영호 2005). '대일 민간 청구권'이라고 불린 이 재산은 크게 재산청구권과 피해 보상권으로 나눌 수 있다. 재산청구권은 국내 민간(법인과 개인)이 일본 정부와 민간(법인·개인)에 가지고 있던 각종 채권, 일본 소재 재산(동산, 부동산), 보유 일본 화폐, 금융기관에 예입된 예금 등을 의미하고, 피해 보상권은 일제 말 강제 징병·징용된 사람들에 대한 피해 보상을 의미하는 것이었다(「대일 민간 청구권 신고에 관한 법률」).

대일 민간 청구권은 1965년 6월 22일 한일 양국이 국교 정상화를 위한 기본 조약과 청구권 협정• 등 4개 부속 협정을 정식으로 조인하면서 가시화되었다. 특히 청구권 협정의 체결로 한국 정부가 일본 정부에 대하여 모든 피해를 일괄 보상·청구하게 됨에 따라 국내 민간(법인·개인)이 일본 정부와 민간(법인·개인)에 가지고 있던 개별적 청구권, 즉 대일 민간 청구권은 소멸되었다. 대신 한국 정부가 일본 정부로부터 받은 무상 3억 달러 등의 청구권 자금을 가지고 보상법을 제정하여 국내 민간의 대일 민간 청구권을 보상하게 되었다.

1965년 한일협정 이후 보상법 마련을 위한 정치

청구권 협정: 정식 명칭은 「대한민국과 일본국 간의 재산 및 청구권에 관한 문제의 해결과 경제협력에 관한 협정」(Agreement on the Settlement of Problem concerning Property and Claims and the Economic Cooperation between the Republic of Korea and Japan)이다. 이 협정을 통해 한국은 일본으로부터 3억 달러의 무상 자금과 2억 달러의 차관을 지원받는 대신 대일 청구권을 포기하는 것에 합의하였다. 일본 역시 귀속재산과 관련한 역청구권을 포기하였다.

권의 움직임이 시작되었으나, 보상 재산의 범위와 보상 비율을 놓고 정부와 국회, 그리고 민간 청구권자 간의 대립으로 장기간 표류하였다. 결국 1971년 1월 「대일 민간 청구권 신고에 관한 법률」이 법률 제2287호로 제정되고, 이를 통해 신고된 재산에 대한 보상법으로 1974년 12월 법률 제2685호 「대일 민간 청구권 보상에 관한 법률」이 제정되어 1975년 7월부터 보상이 실시되었다. 보상 기준은 신고된 액수의 30배를 보상한다는 것이었다. 대일민간청구권협회 등의 민간 청구권자 단체는 해방 후 실질적인 구매가치 변화 및 물가상승률을 감안하여 보상 비율을 1엔당 500배 이상 1,000배의 비율로 할 것을 주장하였지만 받아들여지지 않았다. 또 조선식산은행•을 포함하여 1950년대 후반 매각과 관련하여 논란이 되었던 귀속 금융기관의 대일 민간 청구권 보상은 여기서 제외되었다. 이 문제는 1980년 제5공화국이 들어서서 이들에 대한 조속한 청산이 추진되면서 민간 주주 보유 주식 자체를 정부가 대일 민간 청구권 보상의 예에 준하여 주식 액면가의 30배로 매입함으로써 매듭이 지어졌다.

조선식산은행: 1918년 조선총독부가 설립한 국책은행이다. 식민지 개발을 위한 산업자금 조달이 목적이었다. 현 한국산업은행의 전신이다.

미처리 재산의 청산 과정

1949년 「귀속재산처리법」 제정으로 설립된 담당 기관 관재청이 1955년까지 귀속재산 관련 업무를 처리하였고, 이후 재무부 관재국으로 이관되었다. 미처리 재산 문제, 특히 귀속 휴면법인의 청산 문제가 본격적으로 불거진 1964년 이후에는 귀속재산 업무가 국세청으로 이관되었다. 국세청은 귀속법인별 청산사무국을 세무서 단위로 통합하여 청산 업무를 수행하였다. 1970년 9월부터는 다시 세무서별 청산사무국을 각 지방국세청 단위로 통합하여 청산 업무를 관장하였고, 1973년 7월부터는 업무를 보나 신속하게 처리하기 위해서 각 지방국세청 단위로 설치된 청산사무국을 국세청 직할의 연합청산사무국으로 통합하여 단일화된 조직으로 청산 업무를 수행하도록 하였다.

1977년 귀속재산 청산 업무가 다시 재무부로 이관되면서 재무부는 담당 기관으로 연합청산위원회를 설치하고, 연합청산위원회의 의결사항을 집행하기 위한 기구로 연합청산사무국을 설치하여 청산 업무를 수행하도록 하였다. 1982년부터는

성업공사: 1962년 한국산업은행으로부터 승계한 채권의 보전과 추심을 목적으로 각령 제459호 「성업공사령」에 의해 설립되었다. 1970년대부터 업무를 확장하여 국내 금융기관 전반의 부실자산 정리기관이 되었다. 귀속재산 청산 업무는 1982년 4월부터 새롭게 맡아서 업무를 개시한 것이다. 1999년 한국자산관리공사로 개편되었다.

성업공사•가 연합청산위원회의 지시를 받아 청산인이 되어 실무를 담당하였고, 2000년 청산이 최종적으로 종결되면서 성업공사는 한국자산관리공사로 개편되었다. 연합청산위원회도 2005년 폐지되어 사실상의 귀속 휴면법인의 청산이 종결되었음을 알렸다.

귀속 휴면법인의 청산 절차는 청산법인이 지정, 공고되면 법인 해산 절차에 들어가는 동시에 해당 법인이 소유한 자산의 실태 현황 조사가 이루어진다. 법인 해산 절차는 관할 지역 국세청이 임시주주총회를 통해 법인을 해산하는 형식으로 이루어졌다. 법인 해산이 이루어지면 국세청은 청산인을 선임하여 청산에 들어갔다. 청산 절차는 우선 해당 귀속법인에 대하여 이미 이전에 국가에 의해 매각된 재산이 있을 경우 그것을 추인하였다. 그리고 청산 당시까지 보유한 재산에 대해서는 매각이나 정부에 대한 증여 등의 조치를 취하였다. 매각과 관련해서는 점유자가 있을 경우에는 점유자에게 우선권을 부여하여 매각하였다.

재산 매각이 완료되면 결산에 들어가는데, 우선 재산 매각 법인의 채권 등으로 발생한 수입에서 귀속법인의 채무가 있으면 일차적으로 상환하고 그 결과 남은 금액을 '청산소득'이라 하였다. 청산소득이 산정되면 청산 과정에서 든 비용, 법인세 등의 법적 세금 등을 정산하여 처리하고 나머지 남은 금액을 주주에게 분배하였다. 청산소득의 주주 분배는 주식의 100%가 국가에 귀속된 법인의 경우 국가에 현물 또는 현금으로 분배되었고, 한국인 민간 주주의 지분이 있을 경우에는 지분에 따라 분배가 이루어졌다. 민간 주주 중 '거소 불명', '북한 거주' 등의 이유로 청산소득 분배가 현실적으로 어렵다고 판단될 경우에는 '공탁•'하는 것으로 처리되었다.

공탁: 법의 규정에 따라 금전이나 유가 증권 등을 공탁소 등에 맡겨 두는 것을 의미한다.

청산법인에 대한 결산이 완료되면 연합청산위원회의 승인을 받고, 이후 2주 내에 청산 종결을 등기하면 청산 절차를 마치게 된다. 청산 종결된 법인이라도 이후에 추가로 재산이 발견될 경우 청산을 재개해야 하였다. 이 규정은 2000년에 청산법인의 소유 재산이 새롭게 발견될 경우에는 자동으로 국가에 현물 증여하기로 연합청산위원회에서 결의하면서 소멸되었다.

청산 과정은 해당 귀속재산의 상황이 적용되어 일정한 차별성을 가졌다. 『국가귀속 청산법인 청산

〈주식회사〉 〈282-274〉 **弘中重工 주식회사**

閉鎖登記簿 管轄法院	
地方法院	登記所
서울지방법원	상업등기소

1. 상 호

〈설립당시〉 弘中商工 株式會社
〈청산당시〉 弘中重工 株式會社

2. 본 점

〈설립당시〉 서울시 용산구 남영동 127
〈청산당시〉 서울시 종로구 낙원동 58-8

3. 법인설립

〈설립일자〉 1937 년 6 월 22 일
〈설립목적〉
1) 광산토목, 전기공업 기타 일반기계 제조 판매
2) 광업의 경영 위임, 경영중개
(상호변경) 1) 1943.12.17. : 홍중중공주식회사로 상호변경
2) 1945.12. 5. : 유항상공주식회사로 상호변경
<용산세무서 촉탁으로 등기말소>
3) 1964. 7.23. : 홍중중공 주식회사로 상호회복

4. 자 본 금

〈공칭자본금〉 3,000 원
〈총 주식수〉 60,000 주 국. 주식수 57,500 주
민간주식수 2,500 주
〈불입자본금〉 2,625 원 <1 주당불입액> 전

5. 법인해산

〈해산일자〉 1964 년 8 월 24 일
〈해산사유〉
귀속재산처리에 관한 특별조치법 제3조 제2항의 규정에 의거 용산세무서장(이영상)이 임시주주총회를 소집하고 총회결의로 법인을 해산함.

6. 청산종결

1 차종결	1978 년 1 월 21 일	국 세 청
2 차종결	년 월 일	
3 차종결	년 월 일	

7. 청산개황 및 결산내역

1) 1945. 8. 9. 현재 총 주식 60,000 주 중에서 일본인 소유주식 57,500 주가 국가에 귀속된 법인임.
2) 1964. 8. 24. 용산세무서장이 법인을 해산하였음.
3) 청산주관기관
용산세무서 → 서울지방국세청 → 국세청
4) 청산사무요약
① 정부가 매각한 재산
관악구 대방동 159-1 외 소재재산
토지 24 필지 1,568.1 평, 임야 2 필지 7,180 평
건물 2 건 68.8 평 <매각대금> ... 2,868,200 원
② 청산인이 매각한 재산
관악구 대방동 318-38 외 소재재산
토지 83 필지 3,456.68 평, 건물 2 건 333 평
청산인수납금 .... <48,622,976 원>
③ 국가에 현물증여한 재산
용산구 남영동 132 외 소재재산
토지 41 필지 2,472.9 평 <111,554,000 원>
④ 청산소득처분
법인세 .... 18,387,848 원
방위세 .... 2,866,802 원
주민세 .... 1,433,401 원
주주분배금 .... 144,699,900 원
국. 주주<57,500 주> 139,532,050 원
현물증여 .... 111,554,000 원
현금배당 .... 27,928,050 원
정부수납금상계 .. 3,129,473 원
년부금상계 ...... 1,836,600 원
현금배당 .... 22,961,977 원
민간주주<2,500 주> ... 5,167,850 원
김홍환<100 주> .... 206,714 원
김동찬< 30 주> .... 62,014 원
불명주<2,370 주> ... 4,899,122 원
청산종결비용 .... 53,466 원
⑤ 불입자본금 환불 .... <2,625 원>
⑥ 1976. 9.27 일자로 결산하여 청산종결 하였음.
<국세청> 대표 청산인 장 재 식
상임 청산인 방 효 선

〈유한회사〉 〈4-3〉 **馬山朝船鐵工 유한회사**

閉鎖登記簿 管轄法院	
地方法院	登記所
창원지방법원	마산등기소

1. 상 호

〈설립당시〉 馬山朝船鐵工 有限會社
〈청산당시〉 上 同

2. 본 점

〈설립당시〉 경남 마산부 병정 3 정목 1-1
〈청산당시〉 경남 마산시 창포동 3 가 1-1

3. 법인설립

〈설립일자〉 1943 년 7 월 30 일 등기
〈설립목적〉
선박 및 각종기관 제조 및 수리 부대한 일체의 업무

4. 자 본 금

〈출 자 금〉 300 원
〈총 구좌수〉 3,000 구좌
<대표취체역 : 菊田政義>

5. 법인해산

〈해산일자〉 1963 년 10 월 12 일
〈해산사유〉 마산세무서장이 귀속재산 처리에 관한 특별조치법 제3조 제3항의 규정에 의거 사원총회를 소집하고 사원총회 결의로 해산.

6. 청산종결

1 차종결	1975 년 6 월 27 일	국 세 청
2 차종결	년 월 일	
3 차종결	년 월 일	

7. 청산개황 및 결산내역

1) 1948. 8. 9. 현재 총 3,000 구좌 전부가 국가에 귀속된 회사임.
2) 1963.10.12. 마산세무서장이 해산하였음.
3) 청산주관기관
마산세무서 → 부산지방국세청 → 국세청
4) 청산사무요약
① 정부가 매각한 재산 추인
마산시 월영동 428-12 외 소재재산
대지 20 필지 2,887 평, 건물 19 건 306.31 평
정부수납금 <88,850 원>은 울산건설(주)에서 대위 변제 받아 입금 정리 하였음.
② 청산인이 매각한 재산
마산시 창포동 3 가 5-32
대지 6 평 박남석 <48,000 원>
③ 국가에 현물증여한 재산
마산시 창포'동 5-20, 5-27, 5-37,
대지 3 필지 45 평 <90,000 원>
④ 청산소득처분 <109,281 원>
법인세 .... 4,242 원
분배금 .... 91,804 원
현물분배 .... 90,000 원
현금분배 .... 1,804 원
청산종결비용 .... 13,235 원
⑤ 불입출자금 환불 - <300 원>
⑥ 1974. 8.31 일자로 결산하여 청산 종결하였음.
<국세청> 대표 청산인 장 재 식
상임 청산인 김 종 인

귀속법인 청산 자료

자료: 재정경제부 연합청산위원회(2000: 568, 686); 국가기록원(관리번호: CM00028497, UCI 코드: G500:1310377-02012018037957).

자료집』에서 구체적인 청산 과정을 확인할 수 있는 383개 귀속법인을 분석해 보면 몇 가지 유형으로 나누어 볼 수 있다.

첫 번째 유형은 껍데기뿐인 귀속 휴면법인의 해산이다. 즉, 법인 소유 재산이 남아 있지 않고, 법인의 청산 사무가 개시되기 이전에 정부 매각 등의 처리 흔적도 없으며, 청산 과정에서 발견된 재산도 전혀 없는 법인이다. 이 경우에는 귀속법인의 관할 지

역 국세청이 임시주주총회를 개최하여 단순히 법인을 해산하는 형식적 절차만으로 해당 법인의 청산을 종결하였다.

두 번째 유형은 법인 해산 없이 해당 법인의 소유 재산을 정부가 매각한 법인의 청산이다. 이 경우 최우선으로 청산 이전에 정부가 매각한 재산에 대해 추인하는 절차를 밟았다. 이 과정에서 귀속재산으로 오인하여 매각한 재산임이 분명한 경우 당연히 소유권 관련 소송을 통해 바로잡기도 하였지만, 일부는 정부의 매각을 그대로 추인하기도 하였다. 청산 시점에서 귀속법인 소유의 남은 재산이 있을 경우에는 청산인이 매각하거나, 그것이 여의치 않을 경우에는 국가에 현물 증여하는 등의 정리 후 정산·처리하고 청산을 종결하였다.

세 번째 유형은 귀속법인 소유 재산의 귀속재산 여부를 둘러싼 이해관계 주체들 간의 갈등이 있는 법인의 청산이다. 대부분은 귀속법인 소유 재산을 둘러싼 민간 주주와 정부의 갈등이 있는 경우였다. 갈등이 해결되지 않고, 관련 보상을 둘러싼 소송 등이 빈발하게 되면, 소송 결과가 나오기 전까지는 청산을 진행할 수 없으므로 청산 기간이 대단히 길어졌다. 소송이 대법원까지 가는 경우 소송만으로도 10년 이상 걸리는 경우도 있었다. 특히 해방 후 연고권을 가진 한국인들이 해당 귀속법인을 계승하여 경영하였을 경우 법인 소유 재산을 둘러싼 정부와의 갈등은 한층 첨예하였고, 긴 소송 기간이 걸렸다. 대표적으로 조선은행, 조선식산은행 등 귀속 금융기관의 경우가 여기에 해당하며, 결국 5공화국에 들어서서 민간 주주의 지분을 정부가 일괄 액면가 30배로 매입하는 것으로 하여 청산이 이루어졌다. 한편, 국가가 불하한 귀속재산에 대해 불하를 받은 사람과 해당 재산의 점유자 간에 갈등이 있는 상황도 전개되었다. 경우에 따라서 소송전을 통해 점유자가 승소한 사례도 있었는데, 이 경우 정부가 해당 법인을 청산하고 재산을 점유자에게 매각하는 방식으로 정리하고, 불하자에게는 매각 대금을 환불하였다.

네 번째 유형은 주요 재산이 군부, 미군 등에 징발된 법인의 청산이다. 이 경우에는 당연히 징발이 풀려야 청산이 가능하였으므로 청산에 오랜 시일이 걸렸다.

다섯 번째 유형은 민간인이 부정한 방법으로 귀속법인이나 해당 법인의 재산 소유권을 취득한 경우이다. 이 경우에는 우선 정부가 해당 법인을 청산법인으로 지정하고 소유권 회복을 위해 해당 민간인을 상대로 소송을 제기하였다. 그리고 그 결과로 정부가 승소할 경우 청산에 들어갔다. 그러나 당연히 소송 공방이 벌어지므로 장기간 청산이 이루어지지 못하였다. 일부 승소한 경우에는 해당 범위에 한해서 매각 청산하는 경우도 있었다. 민간인이 휴면법인에 대해 허위로 주주총회를 개최하여 불법으로 임원진에 취임, 해당 법인을 장악한 경우에는 바로 청산법인 지정이 불가능하였다. 이 경우에는 마찬가지로 '주주총회 부존재 확인 소송•'을 제기하고 승소할 경우 청산법인으로 지정 청산하였다.

이처럼 1960년대 이후까지도 처리되지 못하고 남아 있던 귀속재산의 이후 처리 과정을 보면, 1950년대 정부의 귀속재산 처리 과정의 허점과 한계가 좀 더 명확하게 드러난다고 하겠다. 그리고 그 피해는 결과적으로 국가에 지워지기보다는 개인에게 돌아갔다는 점도 지적되어야 할 것이다.

주주총회 부존재 확인 소송: 주주총회의 하자로 인하여 그 결의 내용의 효력을 부인하고자 할 경우 제기하는 소송이다.

나가며

해방 후 남한에 남아 있던 일본 재산인 귀속재산의 처리는 그 당시에도 초미의 관심사였다. 귀속재산이 그 규모나 내용에 있어서 향후 수립될 독립 국가의 경제건설에서 가장 중요한 자원이 될 것이라는 것을 누구도 부정하지 않았기 때문이다. 해방 공간은 좌·우익 간의 치열한 이데올로기적 대립과 투쟁이 전개되고 있었지만, 귀속재산과 관련해서는 이 재산이 합리적으로 처리되어 향후 수립될 독립 국가의 경제건설에 중요한 토대가 되어야 한다는 것에 의견 일치를 보였다. 그러나 그 처리 과정이 해방 공간의 한국인들 기대대로 이루어졌는가라고 한다면, 쉽게 그렇다고 말하기는 힘들다. 몇 가지 문제가 지적되어야 하기 때문이다.

우선 미국의 귀속재산 관련 정책의 문제를 지적해야 한다. 미국은 한국의 귀속재산 처리를 남한만이라도 친미적 정부, 더 정확하게는 최소한 반미적

이지 않은 정부를 수립한다는 정치적 목적에 의거하여 진행하였다. 몰수가 국제법상 논란이 될 수 있었던 일본인 사유 재산에 대해서 미군정에 귀속시키고 매각 등 처리를 진행한 것이 대표적이다. 귀속재산과 관련한 직접적 이해당사자인 한국과 일본 정부에는 미국의 이러한 귀속재산 처리에 대해 승인하도록 강제하였다. 미국의 정치적 처리는 귀속재산을 계승한 한국 정부에 장기간 부담이 되었다. 한일회담 과정에서 한국의 청구권과 일본의 역청구권 대립은 그 상징적인 예이었다.

미군정으로부터 대부분의 귀속재산을 인계받은 한국 정부는 그 처리 과정에서 앞서 미군정이 행한 처리 방식을 대체로 계승하였다. 연고자에게 우선권을 주고, 매각 대금의 분할 상환을 용인한 것은 미군정 때와 동일한 방식이었다. 한국전쟁, 재정 부족 타개 등을 이유로 무리하게 매각을 서둘다 보니 법인 해산 등의 절차를 따르지 않아 매우 오랜 기간 미처리 재산이 남았고, 주요 재산의 매각과 관련해서는 정경유착 등의 사회적 논란을 낳기도 하였다.

이처럼 귀속재산 처리는 미군정기에 시작하여 20세기 말까지도 완전히 종결되지 못하였고, 그 과정에서 여러 가지 문제도 발생하였지만, 해방 후 한국경제에서 어떤 역할을 하였는가라고 묻는다면 분명 중요한 역할을 하였다고 말해야 한다. 초창기 한국 제조업의 주력이었던 면방직공업은 그 기반이 조선방직을 대표로 하는 귀속 면방직공장들이었음을 부정할 수 없다. 해방 후 한국경제를 이끄는 신흥 자본가의 출현도 많은 경우 귀속재산이 계기가 되었다. 선경직물•이 시작인 SK, 조선화약공판•이 시작인 한화 등을 대표적으로 거론할 수 있다. 모두 20대의 사회 초년병들이자, 기계공, 그리고 입사 3년차 평사원이었던 두 재벌 그룹의 창업주들이 1950년대 말에 이미 탄탄한 자본가의 반열에 올라섰던 것은 이들이 불하받은 선경직물, 조선화약공판이라는 귀속공장을 제외하고는 이야기할 수 없다.

다만, 해방 후 한국경제의 전개 과정에서 귀속재산만이 절대적으로 중요하였던 것은 아니라는 점도 지적해 둔다. 대규모로 들어온 원조물자는 일제 시기 남한의 제조업과는 그다지 연관이 없던 설탕과 밀가루라는 '삼백공업'의 두 가지 공업을 급성장시켰다. 또 정책 면의 정부 역할도 초창기 한국경제와 관련하여 귀속재산과 버금가게 중요한 요인들이었

선경직물: 1943년 가동을 시작한 일본인 경영 직물공장이었다. 해방 후 귀속공장으로 접수, 관리되었고, 1953년 SK그룹 창업자 최종건이 정부로부터 불하받았다. 최종건은 해방 전 선경직물에 기술자로 입사하였다.

조선화약공판: 태평양 전쟁 발발 시점인 1941년 12월 일제가 식민지 조선 내의 화약류 취급 독점회사로 설립한 군수국책회사였다. 해방 후 귀속공장으로 접수, 관리되었고, 1952년 한화그룹 창업자 김종희가 정부로부터 불하받았다. 김종희는 1942년 조선화약공판에 직원으로 입사하였다.

다. 귀속재산을 토대로 성장한 기업가도 있지만, 그렇지 못한 기업가도 많다는 점도 기억해야 한다. 1950년대 급성장한 삼백공업의 또 다른 한 축인 면방직공업의 대표적 귀속기업인 조선방직은 이승만 대통령까지 매각 과정에 직접 개입할 정도로 누가 소유할 것인가가 초미의 관심사였고 사회적 이슈가 되었다. 그러나 정작 치열한 경쟁을 뚫고 조선방직을 차지하였던 인물은 겨우 몇 년 만에 퇴장하였고, 조선방직도 경영난에 시달리다가 '조방 앞'이라는 이름만 남기고 1960년대에 사라졌다. 그런 의미에서 경제 주체인 기업가의 역할도 동등하게 중요한 요인이다.

마지막으로 일제가 가져가지 못한 재산이 해방 후 한국경제에 중요한 역할을 하였다고 평가하는 것 자체가 일제의 식민지 지배의 역사적 책임을 가볍게 하는 것이 아니라는 점도 지적해 둔다. 그런 의미에서 현재도 SK나 한화의 공식 홈페이지에서 귀속재산을 불하받아 기업 경영을 시작하였음을 쉽게 확인할 수 없음은 아쉬운 부분이다. 이미 역사에 기록된 사실들이 말하지 않는다고 사라지지 않기 때문이다.

|보론| 일본의 재외재산 처리

패전한 일본도 해외 일본 재산에 대한 처리가 이루어져야 하였다. 일본 제국주의가 지배한 식민지, 점령지에 있는 공적·사적 재산들에 대한 것이었다. 해외 일본 재산은 일본을 점령한 연합군 최고사령부가 군국주의 일본을 해체하는 중요한 수단으로 생각하였기 때문에 강하게 처리를 요구하는 사안이기도 하였다. 물론 주한 미군정이 귀속한 남한의 일본 재산 역시 여기에 포함된다. 특히 일본 제국주의 식민지, 점령지에서 철수한 일본인 재산, 그리고 그곳에 본점을 두었던 일본 기업이 소유하고 재산은 한국과 관련해서 보면 전자는 한국에서는 귀속재산, 일본에서는 재외재산(在外財産), 후자는 한국에서는 귀속기업, 일본에서는 재외회사(在外會社)인데, 그 처분 문제는 한일 양국 모두에 중요한 문제이며, 국교 정상화 교섭 과정에서도 핵심적인 논의 주제였다.

한국의 일본 재산은 미군정에 의해 '귀속'된 후 이승만 정권에 인계되었고, 1949년 논란 속에서 제정된 「귀속재산처리법」에 의거하여 민간에 불하되

| 보표 1 | 재외재산 유형별 청산 과정

재산 유형	청산 과정
개인 재산	일본 정부 보상
폐쇄기관	특수 청산
일본 회사(본점이 일본 소재)의 재외재산	「기업재건정비법」에 의해 재외재산을 '특별 손실'로 처리
재외회사(본점이 구 식민지, 점령지 소재)의 일본 내 재산	특수 정리

거나 국유화되는 과정을 통해 정리되었다. 일본에서도 재외회사의 경우 연합군 최고사령부가 '폐쇄기관'으로 지정한 것은 '특수 청산', '재외회사'에 지정된 것은 '특수 정리'라고 하여 해당 기업의 일본 내 재산만을 정리하고 청산하는 한편으로, 일본인 개인의 재외재산의 경우에는 일본 정부가 보상하는 형식으로 정리하였다. 일본 정부가 시행한 재외재산 처리 과정을 대상 재산의 유형에 따라 정리하면 보표 1과 같다.

개인 재산

개인 재산은 일본 정부가 보상하는 것으로 처리되었다. 보상 문제는 1951년 9월 샌프란시스코 강화조약 체결로 일본이 주권을 회복하면서 본격적으로 대두되었다. 1953년 식민지, 점령지로부터 귀환한 '히키아게샤'(引揚者)로 불린 일본인들이 '재외자산 보상처리 획득 기성동맹 궐기대회'를 개최하는 한편, '히키아게샤 단체 전국 연합회' 등의 귀환 일본인 단체를 결성하였다. 이에 대응하여 일본 정부는 '재외재산 문제 조사회'를 설치하여 본격적인 조사를 실시하였고, 그 결과를 바탕으로 우선 귀환 당시 예탁 형식으로 세관에 몰수당한 구 일본은행권을 현행 화폐로 돌려주는 조치를 취하였다. 아울러 금융 채무에 대해서는 일본 내 자산 범위에 한정하여 보상하였다.

1957년에는 「히키아게샤 급부금 등 보상법」(引揚者給付金等補償法)을 제정하여 462억 엔을 보상하였다. 그러나 귀환 일본인 단체들은 정부의 보상 규모에 불만을 가지고 추가적인 보상을 강력하게 요구하였다. 그러나 한편에서는 일본 국내에서 전쟁 피해를 당한 일반 국민의 경우와 비교하여 귀환 일본인들에게만 보상하는 것은 불공평한 처사라는 비판의 목소리도 커져서 사회적 이슈가 되었다. 이후 한일 국교 정상화 이후인 1967년 일본 정부는 정부가 보상 의무가 있는 것은 아니나 도의적 측면에서 보상의

필요성이 있다는 '재외재산 문제 심의회'의 권고를 받아들이는 형식으로, 같은 해 7월 「히키아게샤에 대한 특별교부금지급법」(引揚者に対する特別交付金支給法)을 제정하였다. 그리고 이 법에 근거하여 전국 350만 명의 귀환 일본인에 대하여 연리 6%, 10년 균등 상환조건의 '히키아게샤 공채'와 무이자 10년 균등 상환인 '히키아게샤 특별교부금 공채'를 통해 2,100억 엔을 지불하였다.

개인 재산 보상과 관련해서는 당사자가 일본 사법부에 소송을 거는 경우도 있었다. 1962년 일제 시기 부산에서 고무신 제조업으로 큰 성공을 거두었던 요네쿠라 세자부로(米倉清三郎)는 한국에 두고 온 재산과 관련하여 일본 정부를 상대로 손해 배상 청구를 하였다. 사유 재산을 보호하지 못한 국가의 책임을 묻는 방식이었다. 이에 대해 일본 교토(京都)지방재판소는 청구를 기각하였다. 기각 이유와 관련하여 최고재판소는 이러한 형태의 재산 상실은 전쟁 희생 또는 전쟁 피해로써 국민이 동등하게 감내해야 하며, 여기에 대한 배상은 헌법의 전혀 예상치 못한 경우에 해당하여 헌법 제29조 제3항에 기초하여 국가에 보상 청구를 할 수 없다고 판결한 것이었다(京都地方裁判所 昭和37年(ワ)674号 判決).

폐쇄기관

폐쇄기관 청산은 연합군 최고사령부의 군국주의 경제 기반 해체 및 경제민주화를 목적으로 시행된 것으로 1947년 3월 '폐쇄기관령'에 의해 본격화되었다. 이것은 '특수 청산'이라고 불렸고, 청산 과정에서 회사 경영진의 배제 원칙이 적용되었는데, 일본 국내 재산에 한정된 청산이었기 때문이다.

청산 대상 기관은 주로 은행과 전시 특수 금융기관, 국책 개발회사 등으로, 그 폐쇄는 이미 1945년 9월 30일 'GHQ각서'에 의해 연합군 최고사령부로부터 직접 지령되었다. 폐쇄된 기관에 대해 1946년 10월, 연합군 최고사령부가 청산 명령을 내렸고, 이에 따라 1947년 3월「폐쇄기관령」,「폐쇄기관정리위원회령」을 공포함으로써, '폐쇄기관정리위원회'가 설치되어 청산에 착수하였다.

폐쇄기관정리위원회는 대체적인 청산이 완료된 1952년 3월 해산되었고, 이 시점에서 재외 활동 관계의 청산 미완료 기관에 대해서는 4월 1일부로 '재외 활동 관계 폐쇄기관 특수청산 사무소'(在外活動關係

閉鎖機關特殊淸算事務所)를 설치하여 청산을 계속하였다. 1956년 2월, 「폐쇄기관령」의 개정을 통해 재외채무와 자산을 정산하고 남은 잔여 재산으로 별도 회사 설립을 인정함으로써 대부분의 재외 폐쇄기관의 청산이 종결되었다.

일제 시기 한국과 관련된 기관으로 폐쇄·청산된 기관으로는 조선은행, 조선금융조합연합회, 조선식산은행, 조선신탁주식회사, 동양척식주식회사가 있었다(閉鎖機關整理委員會 1954).

일본 회사의 재외재산

본점이 일본에 있는 회사의 재외재산은 최초 일본 정부가 전후 경제부흥의 관점에서 전시(戰時) 채무 보상을 추진하면서 추이가 주목되었다. 그러나 연합군 최고사령부의 강력한 반대에 직면하여 보상이 좌절되었고, 1946년 8월 제정된 「회사경리응급조치법」과 같은 해 10월 제정된 「기업재건정비법」에 의거하여 기업 부담으로 귀착되는 특별 손실로 처리되었다.

「회사경리응급조치법」은 기업 재무회계 경리에서 신구 계정(計定)•을 분리한 후, 신계정으로 사업

계정: 기업 회계 장부에서 같은 종류나 명칭의 자산·부채·손익 등의 증감을 계산·기록하기 위해 설정한 단위를 의미한다.

을 계속하는 한편으로 구계정의 채권·채무 결재를 정지시키는 것을 핵심 내용으로 하였다. 동 법의 적용 대상이 되는 기업은 자본금 20만 엔 이상의 전시 채무의 대정부 청구권을 가지고 있는 기업이었고, 이들은 '특별경리회사'로 지정되었다. 따라서 동 법은 정부의 전시 채무 보상이 좌절된 것으로 인한 기업의 피해를 최소화하기 위한 제도적 장치로 작용하였다. 연합군 최고사령부의 반대로 전쟁 채무 보상이 좌절되자, 동 채무의 결제를 구계정으로 분리한 후 정지시켜 해당 기업을 보호하려는 조치였던 것이다. 물론 이 과정은 연합군 최고사령부와 일본 정부의 조율을 통해 이루어졌다. 1948년 11월까지 특별경리회사로 취급된 회사는 8,373사에 달하였다.

「회사경리응급조치법」이 전쟁에 협력한 일본 주요 기업들을 특별경리회사로 지정하고 전쟁 채무를 봉쇄하는 것을 통해 신속하게 생산 활동에 복귀하도록 한 법령 이름 그대로의 '응급 조치' 성격이었다면, 「기업재건정비법」은 이들 특별경리회사의 봉쇄된 구계정의 전쟁채무를 정리·청산한 후 그 결과를 신계정에 반영하여(신구 계정의 병합) 종결함으로써 재건 정비를 완료하는 '근본적 조치'의 성격을 가졌다.

「기업재건정비법」에 의한 구계정 전쟁 채무의 정리·청산 과정은 다음과 같은 절차로 이루어졌다. 우선 해당 기업은 구계정의 손실과 이익의 항목 – 이 항목도 「기업재건정비법」에 의해 규정되었다 – 을 산출하여 손익을 계산하고(특수 손실 계산), 손실이 발생하였을 경우 이를 '특별 손실'로 하였다. 특별 손실이 발생한 기업은 손실의 처리가 필요하였는데, 그 원칙 역시 「기업재건정비법」에 의해 규정되었다. 가장 우선적인 처리 방법은 자본금의 최대 90%, 이것으로 해결되지 않을 경우에는 구채권의 최대 70%, 자본금의 잔액, 구채권의 잔액 순으로 부담이 규정되었다. 즉, 해당 기업의 주주가 1순위로 손실을 부담하고 이것으로 여의치 않으면 채권자가 2순위로 부담하는 원칙이었다.

특별 손실이 발생한 회사와 손실이 발생하지 않더라도 자본금 100만 엔 이상의 회사는 구계정의 특수 손실 계산과 손실 처리 계획을 담은 '정비계획서'를 일본 정부 주무 대신에 제출하도록 하였다. 그리고 제출된 정비계획서가 주무 대신의 인가를 받으면 신구 계정을 다시 합칠 수 있었다. 인가받은 정비계획서대로 특수 손실 계산, 손실 처리, 신구 계정

재병합이 완료되면 「회사경리응급조치법」에 따른 특별경리회사에서 자유로워지며, 이후 경영이 국가의 간섭 없이 이루어져서 완전한 민간기업으로 재출발할 수 있는 것이었다.

재외회사

재외회사는 구 식민지, 점령지에 본점이 있는 회사 중 폐쇄기관에 속하지 않은 회사로 1949년 8월 「구일본점령지역에 본점이 있는 회사의 일본 내 재산 처리에 관한 정령」(旧日本占領地域に本店がある会社の本邦内の財産の処理に関する政令), 일명 「재외회사령」(在外会社令)이 공포되어 청산이 시작되었다. 이것은 '특수 정리'라고 불렀는데, 청산 대상 자산·부채가 일본 국내 재산에 한정되었기 때문이다. 1948년 3월 한국의 재무부에 해당하는 일본 대장성(大蔵省)의 「외국에 본점을 둔 회사의 일본 내 지점, 출장소 등의 보고에 관한 성령」(外国に本店を置く会社の本邦内の支店、出張所等の報告に関する省令)에 의해 재외회사의 파악과 재산 보전이 공식화되었고, 1949년 1월에는 'GHQ각서'에 의한 재산 정리가 지시되었다. 1949년 2월에는 대장성 관리국이 '재외회사 일본 내 점포

정리 요강안'(在外会社本邦内店綱整理要綱案)을 내놓았는데, 주요 내용은 ① 청산은 일본 국내 재산에 한정, ② 청산 방법은 해당 회사의 자기 청산(自己清算), ③ 대장대신(大蔵大臣)이 해당 회사 종업원 중에서 청산인 선임, ④ 청산 종결 후의 잔여 재산은 일본 정부에 이관, ⑤ 일본 정부는 장래의 채권자로부터 청구를 받았을 경우, 잔여 재산 한도 내에서 지불하고, 이후 잉여 재산이 남았을 경우 주주에 배분, ⑥ 청산 완료 후에는 신회사 설립 가능 등이었다. 재외회사 처리는 1950년대 말까지 대체로 일단락되었다. 일본의 재외회사 처리 과정은 한국의 귀속재산 처리 과정과 동일한 시기에 진행되었음도 지적해 둘 필요가 있다.

한일 양국이 각각 '귀속' 내지 '재외'로 불렀던 일본 재산의 처리 과정은 양국 정부가 당시 미국의 지시와 각각의 판단에 따라 일방적으로 처리를 진행한 것이다. 일본 재산의 처리는 한일 양국 모두 한일 국교 정상화 이전인 1950년대에 국가의 일방적 주도로 이미 대부분 완료되었고, 이와 관련한 양국 간 협의나 합의는 없었다.

일본 재산에 대한 한국 정부의 귀속재산으로서

의 처리는 해당 재산이 일제의 식민지 수탈의 결과물이라는 명분으로 당연시되었으며, 일본 정부 역시 재외기업의 일본 국내 재산만의 청산을 인정하고, 한국 소재 일본인 개인 재산에 대해서는 보상을 실시하였다. 일본 정부의 조치는 결과적으로 한국 정부의 처리를 인정 내지 보완하는 형태가 되었다고도 볼 수 있다.

한편으로 일본 정부의 재외재산 처리는 한일 국교 정상화를 위한 협상 과정에서 한국 정부의 식민지 지배 역사에 대한 배상 요구를 반격하는 '히든카드' – 청구권에 대한 역청구권 주장 – 로 요긴하게 활용되었다. 그리고 1965년 국교 정상하 조약의 체결은 일본의 재외재산에 대해 한일 양국이 그전에 행한 서로의 작업을 최종적으로 비준한 것이라고 볼 수 있다.

이렇게 보면 한국에서 귀속재산, 일본에서 재외재산으로 불린 일본 재산은 미국의 지휘하에 한일 양국 정부 간 '정치적 타결'의 방법으로 명확하게 정리·청산된 것처럼 보인다. 그러나 좀 더 구체적으로 들여다보면 일본 재산의 처리는 1965년 이후에도 장기간에 걸쳐 양국에 다양한 문제를 파생시켰다. 우선 일본 정부의 재외재산 처리 과정과 관련해서는 일제 패전 후 식민지, 점령지에서 철수한 일본인 귀환자(引揚者)에 대한 국가 보상이 충분하였는가에 여전히 다양한 의견이 있다. 또 일본에 강제 동원된 한국인들에 대한 개인 배상 문제, 미불금 문제 등은 지속적인 쟁점이었고, 현재는 한일 양국이 모두 주목하는 문제가 되었다.

그런데 여기서 흥미로운 사실은 양국에서 역사적으로 문제가 되었거나, 현재도 문제가 되고 있는 것이 개인(민간)과 관련된다는 점이다. 이와 같은 현상은 미국을 배후로 한 한일 양국의 전후 처리 과정이 '국가 주도', '국익 우선'으로 전개되면서 개인의 권리가 상대적으로 소외된 결과로 발생한 측면이 있다고 생각한다. 조금 거칠게 일반화시킨다면, 일본인 재산에 대한 양국의 전후 처리 과정은 한일 양국이 각각의 국민에 대해 일정한 '부채'를 짊어지는 과정이기도 하였다는 것이다.

참고문헌

『동아일보』.
『전국노동자신문』.
『조선일보』.
『해방일보』.

고승제(1975), 「공업화로의 산업구조 개편(총설)」, 『한국경제정책 30년사』, 사회사상사.
谷浦孝雄(1981), 「해방후 한국상업자본의 형성과 발전」, 『1950년대의 인식』, 한길사, 297~334.
공제욱(1993), 『1950년대 한국의 자본가 연구』, 백산서당.
국회재경위(1955), 「귀속재산 대규모 기업체의 우선적 매각 진상에 대한 조사보고」.
김기원(1990), 『미군정기의 경제구조－귀속기업체의 처리와 노동자 자주관리운동을 중심으로－』, 푸른산.
김대래 · 배석만(2002a), 「귀속사업체의 연속과 단절(1945~1960)－부산지역을 중심으로－」, 『경제사학』 33, 63~92.
______(2002b), 「귀속사업체의 탈루 및 유실(1945~1949)－대구지역 사례를 중심으로」, 『韓國經商論叢』 20-2, 63~85.
______(2002c), 「귀속사업체의 탈루 및 유실(1945~1949)－전주지역 사례를 중심으로」, 『산업경제연구』 15-5, 157~174.
______(2002d), 「귀속사업체의 탈루 및 유실(1945~1949)－광주와 목포지역 사례를 중심으로」, 『경제학논집』 11-2, 31~60.

______(2008), 「미군정기 부산지역 귀속사업체의 접수에 관한 연구」, 『항도부산』 24, 43~90.
김대환(1981), 「1950년대 한국경제의 연구」, 『1950년대의 인식』, 한길사.
김성호 외(1989), 『한국농지개혁사연구』, 한국농촌경제연구원.
김윤수(1988), 「8·15 이후 귀속기업체 불하에 관한 일연구」, 서울대 석사학위논문.
남기정(2010), 「한일 선박반환 교섭에 관한 연구: 1차 회담 선박분과위원회 교섭을 중심으로」, 『일본연구』, 61~81.
남조선과도정부 상공부(1948), 『1947년 상공행정연보』.
농지개혁사편찬위원회(1970), 『농지개혁사』 上.
대한조선공사(1968), 『대한조선공사30년사』.
박태균(2005), 「한일회담 시기 청구권 문제의 기원과 미국의 역할」, 『韓國史研究』 131, 35~59.
박현채(1986), 『한국경제구조론』, 일월서각.
박훈창(2020), 「미군정기 귀속재산 처리와 관재처의 역할」, 서울대 석사학위논문.
배석만(2000), 「해방 후 지식인층의 신국가 경제건설론」, 『지역과 역사』 제7호, 95~128.
______(2001), 「해방 후 조선방직의 경영과 그 성격」, 『지역과 역사』 제9호, 81~108.
______(2006), 「朝鮮重工業株式會社의 戰時經營과 해방 후 재편과정」, 『역사와 경계』 60, 221~268.
______(2014a), 「해방 후 귀속재산 처리의 전개과정과 귀결」, 『한일민족문제연구』 26, 43~91.
______(2014b), 「일본 기업재건정비 과정과 조선인 노무자 미수금 문제」, 『동북아역사논총』 45, 83~110.
______(2015), 「전후 한일 양국의 재조일본인 재산처리 과정 – 이케다 스케타다(池田佐忠)의 사례 –」, 『한일민족문제연구』 28, 53~88.

법원행정처(1983),『미군정법령』, 한양당.
상공위원회(1957),『一般國政監査報告書: 制憲, 第二, 三代國會』.
송병권(2011),「미군정기 폴리 배상 사절단의 배상안과 조선의 지역주의적 재편문제」,『사학연구』 102, 115~155.
이대근(1983),「미군정하 귀속재산 처리에 대한 평가」,『한국사회연구』 1, 한길사, 411~437.
_____(1988),『한국전쟁과 1950년대의 자본축적』, 까치.
_____(2015),『귀속재산 연구: 식민지 유산과 한국경제의 진로』, 이숲.
이선희(2002),「미군정의 귀속농지 정책과 신한공사의 농지운영」, 부산대 석사학위논문.
이원덕(1996),『한일 과거사 처리의 원점: 일본의 전후처리 외교와 한일회담』, 서울대학교출판부.
장상환(1985),「해방후 대미의존적 경제구조의 성립과정」,『해방40년의 재인식 I』, 돌베개, 83~110.
재무부(1958),『재정금융의 회고 – 건국 10주년 업적 –』.
_____(1963),『관재통계연보』.
_____(연대불명),『법인대장』.
재정경제부 연합청산위원회(2000),『국가귀속 청산법인 청산자료집』.
정병욱(2005),「조선총독부관료의 일본 귀환 후 활동과 한일교섭 – 1950, 60년대 동화협회·중앙일한협회를 중심으로 –」,『역사문제연구』 14, 77~104.
정윤형(1981),「경제성장과 독점자본」,『한국경제의 전개과정』, 돌베개, 131~164.
조선은행조사부(1949a),『조선경제통계요람』.
_____(1949b),『경제연감』.
최봉대(1994),「미군정기의 농민정책에 관한 연구」, 서울대 박사학위논문.

______(2000), 「1950년대 서울지역 귀속사업체 불하실태 연구」, 『국사관논총』 94, 261~302.

최영묵(1993), 「미군정하 신한공사의 조직과 운영」, 건국대 석사학위논문.

최영호(2005), 「한국정부의 대일 민간청구권 보상 과정」, 『한일민족문제연구』 8, 225~254.

______(2011), 「한반도 거주 일본인의 귀환 후 단체 결성과 재산권 보상요구」, 『한일민족문제연구』 21, 223~255.

한국농촌경제연구원(1989), 『농지개혁사연구』, 동양문화인쇄(주).

한국은행조사부(1955), 『경제연감』.

허수열(2003), 「해방 시점에 있어서 조선의 일본인 자산에 대한 분석 －경상남도 지역의 귀속사업체를 중심으로－」, 『지역사회연구』 11-2, 1~30.

______(2005), 『개발 없는 개발: 일제하, 조선경제 개발의 현상과 본질』, 은행나무.

京都地方裁判所, 「昭和37年(ワ)674号 判決」, 大判(https://daihanrei.minorusan.net/).

柴田善雅(2011), 「外地への進出と清算」, 柴孝夫·岡崎哲二 編著, 『制度轉換期の企業と市場 1937~1955』 講座. 日本經營史4, ミネルヴァ書房, 221~255.

閉鎖機關整理委員會(1954), 『閉鎖機関とその特殊清算』.

네이버 뉴스라이브러리(https://newslibrary.naver.com).

법제처 국가법령정보센터(https://law.go.kr).

찾아보기

[ㄷ]

[ㅁ]

[ㅂ]

[ㅅ]

[ㅇ]

[ㅈ]